WALKING TO SUCCESS

(Las 5 Reglas Simples)

MFigueroa

GMI Social Media Editorial

ISBN-9798594664739
GMI Social Media Editorial
Revision Feb-05/2021
First Edition Rev1

Cover design by: XAFE & GlobalMedia
Library of Congress Control Number: 2018675309
Printed in the United States of America

ENTRADA

No es casualidad de que las cosas sucedan. Simplemente van a ocurrir. Independientemente de que papel juegues en ello, que preparación tengas, o que tan en reposo o en movimiento te quieras reconocer. Le llaman suerte a las buenas coincidencias que de repente confluyen, y cuando los momentos adversos se suman, simplemente se aceptan o se sufren llamándolos tiempos de infortunio. Si la abundancia empieza en los pensamientos, la carencia también juega su parte. Tarea de cada quien es aprovechar las coincidencias y las oportunidades para hacer un cambio que impacte de manera positiva en un futuro mejor. Todo radica en el precio que están dispuestos a pagar por lograr ese cambio.

WALKING TO SUCCESS

(Las 5 Reglas Simples)

Martin Figueroa

© GMI 2021

Media Publicaciones

a mis hijas

y a ti...

Índice

PRÓLOGO

Después de haber reflexionado sobre varios trabajos que giran sobre esta idea, me he dado a la tarea de simplificar lo que creo les facilitará la comprensión de lo que en el "ideario común y colectivo" puede significar empezar a emprender, y si el trabajo se realiza de manera adecuada y las metas se van cumpliendo: muy seguramente te encontraras camino al éxito y posiblemente emprendiendo un nuevo proyecto.

 Por lo pronto, el título de este volumen no parece muy modesto y podría pecar de jactancioso, pero la idea básica es precisamente esa: mostrar que no es muy difícil establecer algunos hábitos o patrones que nos podrían llevar a conseguirlo.

Ahora llega la primera pregunta: "**¿y, qué es el éxito?**" y el cuestionamiento nos puede meter en aprietos, porque cada persona en su realidad física o virtual puede tener una respuesta válida según sea su momento o su necesidad.

Partiendo de una definición básica y de su etimología, "éxito" llega desde su raíz latina "exitus" como "salida", adoptada después por los ingleses como "exit" y pasada al castellano con las definiciones de la RAE como (1) **"resultado feliz de un negocio"** (2) "buena aceptación que tiene alguien o algo", (3) "fin o terminación de un negocio o asunto". Con estas acepciones podríamos sumergirnos en detalles más profundos y podríamos elegir la definición que mejor nos acomode. Aunque se asocia a "triunfo" en el fondo es un concepto diferente.

En pocas palabras, éxito lo vamos a definir como el resultado satisfactorio de un **plan preconcebido**.

Asumiendo esta tesis sencilla: primero se planifica y después se trabaja en actividades orientadas a un logro. Si en ese desarrollo hay etapas no satisfactorias, usualmente le llaman fracasos y de esos caminos que parece que no llevan a nada, podemos rescatar experiencias que nos nutren para recomponer la **estrategia** y avanzar de mejor manera al éxito.

Parece sencillo y de alguna manera **lo es**, pero la diferencia que hace la diferencia entre un transitar orientado al éxito y un transitar no planificado es la **claridad del objetivo** y la suma de estrategias. Por algo será que la raíz de la palabra "estrategia" significa "general de los ejércitos" y ese término militar deviene invariablemente en la idea de planear la lucha para conseguir la victoria.

Solo cuando se comprenden los obstáculos y lo que conlleva obtener "ese éxito", es cuando empieza el trabajo. El arte de la guerra es precisamente ese: analizar el camino y sus conflictos reales para entender las soluciones y encaminarse al triunfo, no importa que algunas batallas se pierdan si al final se obtiene el **resultado esperado**.

Ningún caso tiene lamentarse por batallas no enfrentadas ni perdidas, te invito a seguir o empezar a **planear mejor y trabajar en tu victoria**, no importa en que parte del proceso te encuentres ni la historia que vives, lo que importa es **avanzar**, con lo que tienes o lo que te queda por delante.

INTRODUCCIÓN

¿Cuándo empezó el emprendimiento? Con raíces latinas, la palabra "emprendedor" se compone de léxicos que en conjunto significan "el que toma la decisión de empezar algo" y a eso le han agregado las ideas de "algo": difícil, innovador, aventurero, creativo y, en fin, todo aquello que tenga que ver con iniciar o liderar un negocio.

Emprendedor se asocia a un vocablo francés **"Entrepeneur"** adoptado en el siglo XVI para señalar a los expedicionarios y posteriormente a todos aquellos que se enfrentaban a nuevos retos y circunstancias, desde labores artesanales hasta a aquellos grandes constructores de palacios del siglo XVII al siglo XIX. Hoy día se sigue usando el mismo término para los que se lanzan a crear, desarrollar y administrar un producto, un servicio, o cualquier "start up" o negocio.

En palabras sencillas: Un emprendedor es quien trata de **hacer realidad una idea**. Independientemente de que pueda parecer un buen o mal concepto, o desviarse en el camino para que esa idea pueda llegar al éxito o al producto esperado.

¿Una mala idea? ¿A quién se le ocurrió que las esferas para las antenas de los autos pudieran ser un buen negocio? Con un parque vehicular mayor a los 100 millones de autos en 1998 solo en Estados Unidos, ¿porque no podría serlo? Jason Wall aprovechó esta oportunidad y empezó a facturar millones de esas bolas.

Hagamos un poco de historia

E ntre algunas teorías, una muy aceptada, dice que entre seis y siete millones de años atrás, una especie de primates del este de África empezó a evolucionar en "humanos". En Etiopía, se encuentran a "Lucy", un homínido femenino que data entre 3.2 y 3.5 millones de años de antigüedad. Lucy es un esqueleto incompleto que podría haber llegado a medir poco más de un metro de altura y pesado menos de 30 kilogramos, y según estudios realizados, quizá tenía alrededor de 20 años cuando murió.

 La bipedestación al parecer ocurrió hace 1.8 millones de años con el *"homo erectus"*. Antes de esos tiempos, el *"homo habilis"* fabricaba sus primeras armas de caza a partir de piedra y madera. **Se descubrió el fuego** y eso fue hace 790,000 años por la zona del

Río Jordán. La evolución siguió y llegamos al *"homo sapiens"* -término acuñado por el naturalista sueco Carl Von Lineo- que lo delineó como el primer hombre "sabio o pensante" encontrado, y que tendría una antigüedad de 200 mil años en promedio.

El hombre seguía siendo nómada y se movía de manera territorial donde algunos grupos hacían expediciones buscando presas más grandes y menos peligrosas, hasta que encuentran lugares donde el agua o las condiciones les permitieron asentamientos en tierras fértiles. **El hombre se hizo agricultor**. Hay estudios que mencionan que había vestigios de agricultura hace 7,000 años.

¿Cuál es el **primer invento** y que podríamos decir que es el parteaguas en el proceso evolutivo? Aunque hay vestigios de un arado por la misma época, sin duda: **La Rueda.**

La rueda aparece hace aproximadamente 5,200 años atrás, corría el año 3,200 a.C. cuando se descubre una rueda fabricada de madera -al parecer de fresno- que giraba en un eje rústico de una madera más dura hecha de roble. Eso pasaba en la Mesopotamia.

La hora cero y empecemos el reloj del tiempo

H agamos el siguiente ejercicio: supongamos un día -que-
tiene 24 horas. Empieza a las 0:00 horas con el descubrimiento de la rueda 5,200 años atrás, y termina a las
12:00 de la noche que representaría el tiempo de hoy: Diciembre
del 2020.

¿Qué pasa en ese recorrido del tiempo? Los lapsos de tiempo podrían variar debido a las condiciones en que se han encontrado,
pero vamos a darlos por buenos de acuerdo a las diferentes fuentes que citan los datos abajo descritos.

Empecemos a **enlistar los inventos, descubrimientos o momentos** que forman parte de nuestra historia y que de alguna
manera son hitos en el emprendimiento y progreso de la humanidad. La primera columna sería el evento, la columna siguiente
es la antigüedad al día de hoy y la tercera columna la represen-
taremos con la hora del día virtual que estamos relatando.

invención de la rueda en Mesopotamia	5,200	0:00 hs
Invento del ábaco en China	4,000	5:32 am
Fundición del Hierro en Asia Menor	3,500	7:50 am

Alfabeto jónico en Grecia	*3,300*	*8:45 am*
Invento de la brújula en China	*3,200*	*9.14 am*
Aparición de las Monedas en Turquía	*2680*	*11:38 am*
Florecimiento de la filosofía griega	*2470*	*12:38 pm*
Nacimiento de Jesucristo. Año cero.	**2020**	**2:40 pm**

Si la hora cero es la invención de la rueda hace 5,200 años, entonces catorce horas y cuarenta minutos después tendríamos el nacimiento de **Jesucristo hace 2,020 años**.

A partir de allí, marcaremos los siguientes eventos:

Pólvora a partir de salitre (China)	*1,220*	*6:21 pm*
Invención de la Imprenta en Alemania	*580*	*9:19 pm*
Descubrimiento de América	*528*	*9:34 pm*
Renacimiento Italiano en la Pintura y Arquitectura	*517*	*9:36 pm*
La Revolución Industrial en Inglaterra	***260***	***10:48 pm***

Asociamos la Revolución Industrial a las máquinas de vapor, y de inmediato nos viene a la memoria James Watt a quien se le atribuye el invento de esa nueva tecnología,

incluso hay una historia que le cuelgan en donde cuentan que cierto día -como buen escocés- estaba preparándose un té, y al tapar el recipiente metálico con una cubierta, notó que la misma se levantaba con la fuerza del vapor, y de allí se desencadenó su ingenio para investigar y perfeccionar lo que después llamarían la "máquina de vapor". Antes de esos tiempos, los engranajes se movían por las fuerzas del viento o las propelas que se instalaban en las corrientes de agua. Había nacido la fuerza del vapor que movería después el ferrocarril y los barcos, y transformaría la industria en general. Sea como haya sido la leyenda, lo que realmente sucedió fue que James logró el perfeccionamiento de otras máquinas incipientes de vapor que ya habían aparecido: mejorándolas y patentando su invención.

Nos hemos movido ahora 4,940 años después de la invención de la rueda. En nuestro día-historia han pasado veintidós horas y cuarenta y ocho minutos, y hasta este momento los avances y descubrimientos podrían parecer gigantes: **desde la rueda al ferrocarril. ¿Qué viene ahora?**

La primera batería o pila voltaica en 1800	*220*	*22:58 pm*
El telégrafo de Morse en 1837	*183*	*23:09 pm*
Invención del primer teléfono en 1854	*166*	*23:14 pm*
Edison patenta la bombilla incandescente en 1879	*141*	*23:21 pm*
Invento del automóvil por Carl Benz en 1886	*134*	*23:23 pm*
Patente del Radio por Marconi en 1904	*116*	*23:27 pm*

Quizá no es una coincidencia sino un tributo, que la emp-

resa que diseña, fabrica y comercializa vehículos eléctricos lleve el nombre de Tesla Motors. Esta empresa cofundada y liderada por Elon Musk es considerada la empresa disruptiva en autos eléctricos. Gran parte de su éxito se debe a la innovación constante. La ventaja sobre otras marcas viene en gran medida a que otros conceptualizan el carro eléctrico a partir de sus modelos de combustión interna adaptándolos a las nuevas tecnologías. La diferencia y ventaja de Musk y su equipo, es que el primer modelo nació eléctrico y está creciendo a partir de allí. Pero volviendo a Tesla, hablemos de Nikola Tesla, inventor y emprendedor visionario, con más de 300 patentes y que en su tiempo no le acreditaron patentes importantes como la de la radio que Marconi se atribuyó, pero que finalmente 40 años más tarde le regresaron el mérito de haber sido su inventor.

Trabajó para Edison (quien por cierto no inventó la bombilla eléctrica, ya que el primer foco incandescente fue patentado alrededor de un año antes en Inglaterra por parte de Joseph Wilson Swan, adelantándose poco tiempo antes de que Edison lo registrara en Estados Unidos. Aunque el florecimiento fuera de laboratorio y con alcance comercial fue de la empresa que creó -Edison-para tal emprendimiento) con quien tuvo unas diferencias respecto del futuro de la electricidad ya que ambos apostaron por diferentes corrientes, por un lado Edison era un impulsor de la corriente directa mientras que Tesla apostaba por el futuro de la corriente alterna. Aunque ambas corrientes tienen sus ventajas, cada vez que conectas un dispositivo a un contacto eléctrico en casa, le estás dando la razón a Tesla de que ese fue el camino para "alumbrar el mundo".

La bobina, el motor eléctrico de inducción, los transform-

adores, la comunicación inalámbrica, los principios para los rayos X, el control remoto, la radio y otras invenciones, forman parte de su historia personal.

Estamos en los últimos cuarenta minutos del día-historia que estamos describiendo, y aunque ya estaban las bases de lo que viene después, las cosas se ponen interesantes con los "nuevos emprendedores"

Los hermanos Wright logran mantener su avión Flyer III más de 30 minutos en el aire en 1905	*115*	*23:28 pm*
La primera emisión por una televisión de manera mecánica. Inglaterra 1926	*94*	*23:34 pm*
Llega la Penicilina en 1928	*92*	*23:35 pm*
La primera Máquina de computación mecánica-digital. Konrad Zuse en Alemania 1941	*79*	*23:38 pm*

Unos años antes, en 1936 Alan Turing publica un trabajo donde afirmaba que una máquina podía dar respuesta a cualquier pregunta que basara su resultado en una experiencia matemática y con raíces algorítmicas. Con esta idea sentaba las bases de la informática. Así nació la idea de los resultados "computables", es decir, aquellos que podían predecirse en base a un patrón finito de instrucciones o pasos sucesivos., si algo no podía ser resuelto entonces "no era computable". Alan no lo pudo ver en su tiempo, pero sin duda sentó las bases de lo que después serían los or-

14

denadores y la nueva inteligencia artificial.

La Segunda Guerra Mundial en 1945	*75*	*23:39 pm*
Origen del Internet en 1960	*60*	*23:43 pm*
El hombre llega a la luna en 1969	*51*	*23:45 pm*
Se envía el primer @ email en 1971	*49*	*23:46 pm*

El símbolo @ fue utilizado por primera vez en 1971 cuando Ray Tomlinson envió de una computadora a otra -localizada en el mismo cuarto- el primer mensaje de correo. Por cierto, no sabemos si el mismo se lo contestó, pero seguramente hizo más pruebas al respecto. Ese símbolo lo utilizó para ubicar y diferenciar a quien mandaba el mensaje y el servidor o máquina en que se encontraba. Desde ese día hasta hoy, se ha avanzado tanto, que difícilmente Tomlinson se hubiera imaginado que 50 años después, se estarían enviando un promedio de 2.8e11 emails por día, que da un aproximado a los 200 millones de emails por minuto, los cuales gran parte son enviados por inteligencia artificial.

Entramos a los primeros avances de la **era digital**. La tecnología empieza a desarrollarse y crecer. Los países, universidades y las empresas privadas invierten más en tecnología y estudios científicos que son la base de lo que llegaría más adelante. Están por transcurrir los últimos doce minutos de nuestro día imaginario.

E nlistemos ahora algunos de los avances notables que aparecieron en las décadas de 1980
(cuando son ya las 23:48:55 horas) y 1990
(con 23:51:44 horas) hasta llegar al año 2000:

Sistema MSDos. El primer laptop portable. El sistema Win-
dows. Internet y los primeros navegadores. GPS. Minidisk.
DVD. La primer MAC de Apple. Hubble. La estación espa-
cial. Clonación. Cápsula endoscópica. Vacunas como la de
la hepatitis-B. Realidad aumentada. Nace Google. Telefonía
2G. Messenger. Netflix. Ebay. Amazon. WiFi.

Llegamos al año dos mil. **Estamos entrando** en la hora
veintitrés con cincuenta y cuatro minutos y veintiocho segundos (23:54:28), quedando los últimos cinco minutos del día que
representarían del dos mil uno al dos mil veinte, donde veremos
el despegue de **la era digital** y donde pocos imaginaban la
revolución -en todos los niveles- de nuestra vida diaria, y cuando
gran parte de la población económicamente activa encontraría
nuevas fuentes de trabajo que no existían antes del año dos mil y
que serían algo muy común ahora en el dos mil veinte.

Algunos de los nuevos cambios, avances, descubrimientos, inventos y desarrollos en estas últimas dos décadas han sido:

Wikipedia. Skype. LinkedIn. Twitter. Facebook. Instagram. Snapchat. YouTube. iPod. iPad. iPhone. Wearables. Electrodomésticos conectados. Ropa inteligente. Tratamientos con células madre. ADN sintético. impresión en 3D de órganos. Inmunoterapia al cáncer. Descubrimiento de exoplanetas. Vida en Marte. Ondas gravitacionales. La partícula de Dios. Edición del genoma humano. Pantallas enrollables. Implantes neuronales. Aviones panorámicos. Energías limpias. Uber. Telefonía 5G. Drones inteligentes. Autos eléctricos avanzados. Autos no tripulados. Cambios climáticos y energías limpias de última generación. Exo-esqueletos. Bioingeniería de alto nivel. Equipo agrícola inteligente. …y la lista podría seguir ampliándose.

¿Qué viene ahora? Si ya sentaron las bases para escalar nuevas tecnologías, ahora viene la superinteligencia artificial en todas sus modalidades para seguir desarrollando: Viajes y turismo espacial, exoesqueletos inteligentes, nuevos medios de entrega de mercancías, realidad virtual y aumentada en todos los niveles educativos y de negocios, hyperloops de comunicación y transporte, energías alternativas e independencia de combustibles fó-

siles, casas conectadas de manera total, wearables al más alto
nivel, medicina con diagnósticos y tratamientos más acertados
y evolutivos, edición genética en recién nacidos, nuevas maneras
inteligentes de volver a lo básico en agricultura, pesca, ganadería
y practicamente todo el sector primario, alimentos inteligentes,
robots en casa y negocios, ecosistemas artificiales con el internet
de las cosas IoT, y novedades que algunos ya están imaginando y
proyectando mostrar en los próximos doce o sesenta meses y que
seguramente nos van a impactar en la manera que estamos viviendo hoy.

*Los dioses eran los que gobernaban el mundo o al menos eso
decía la mitología griega, y ese orden -o desorden- era consecuencia de sus acciones míticas. Entre la gran variedad
de historias, resaltemos la de tres dioses que convocan a los
términos de "tiempo". Cronos, por un lado, era el Dios del
Tiempo, pero referido a un lapso o intervalo determinado.
Un dios temido que devoró inclusive a su hijos. Un dios
rebelde que se sublevó al poder de su padre Urano para tratar de convertirse en el rey supremo. Por otro lado, los dioses
también veneraban a Aión a quien denominaban el dios de
la Eternidad, el que "es y será" desde siempre. Un dios que
reinaba sin principio ni fin. Entre estos dos dioses surgían
preguntas para diferenciarlos o para confundirse: "¿Existe
el tiempo a partir de la eternidad?". "¿Dónde empieza uno
y donde el otro?". Para hacerlo un poco más complejo, llega
el tercero de los dioses que tienen que ver con el tiempo: el
dios Kairós. El llamado dios del "aquí y ahora". Él es quien
representa "el tiempo adecuado y oportuno". El que vive en
cualquier momento y, en ese lapso indeterminado produce
algo importante que impacta su alrededor. Algunos lo pin-
tan como una divinidad que tiene un mechón en su parte
frontal y, si lo ves pasar verías su cabeza calva por la re-
taguardia. Podríamos decir de manera figurada que si se te
presenta la "oportunidad" debes tomarla de frente y jalarla*

hacia ti para aprovechar la ocasión, porque si no lo haces: no habrá manera de pescarlo cuando te haya pasado de largo.

Hoy es el tiempo del **"aquí y hora"**, pero para estar en sintonía y listos para la ocasión, sin duda hay que prepararse. Quien me conoce me ha escuchado decir que *"las peleas se ganan abajo del ring"*. Sabido es que para tener éxito en el box hay que entrenar previamente y con el tiempo suficiente para subir en las mejores condiciones no solo físicas sino emocionales, estudiar al rival y las situaciones que giran alrededor de ese "examen" al momento de la pelea. Lo mismo pasa en la vida: estar preparados nos va a dar la madurez necesaria para poder percibir el momento en que aparece una oportunidad y tomarla para hacer los cambios que nos lleven escalón por escalón, al objetivo trazado. Los golpes de suerte existen, pero **son más comunes los golpes de perseverancia.** Me complace invitarlos a leer los siguientes capítulos.

REGLA #1 "KEEP IT SIMPLE"

S e dice fácil, pero alcanzar la simplicidad es algo sumamente complejo, **hasta que se logra**. Sin duda alguna, un buen ejemplo que podría darnos una idea de la "manera fácil" de hacer las cosas es Apple cuando con un botón al centro de su control inalámbrico eliminó gran cantidad de botones de un dispositivo normal de operar una televisión y esos modelos se han hecho más comunes en la mayoría de las nuevas televisiones. Algo parecido pasó con los teléfonos celulares, Blackberry y su teclado se vieron en aprietos cuando apareció el iPhone. La fuerza de la simplicidad se impone sobre todas las cosas y es la búsqueda constante.

¿Fácil, sencillo o simple? ¿Hay diferencia en esos términos? Como en la mayoría de los casos, Las diferencias pueden ser sutiles o complejas según la profundidad esperada. La raíz etimológica de "simple" es única, y asociada a "simplus" o "simplex" y que de un modo llano significa "que no está compuesto por varias partes" y no contiene partes "superfluas" o "adornos". De alguna manera podríamos asentar que tiene que ver con aquello que en su forma "básica" todo lo ha reducido a lo esencial y carece de accesorios o partes sobrantes. Asociamos lo simple con lo "fácil", es decir con lo que no presenta dificultad al operarse, y con lo "sencillo" que es básicamente una cualidad de unidad sin duplicación.

Atendiendo a este principio, de todas las maneras que puede haber para "buscar" lo simple, vamos a remitirnos a tres procesos:

1. Eliminar lo que no es importante
2. Organizar actividades
3. Aprovechar el tiempo

Eliminar lo que NO es importante

Cuando hablamos de eliminar, nos referimos a todo aquello que no aporta valor, y esto aplica a cualquier tarea o proceso. No se trata de reducir o de optimizar sino de eliminar. Si algo lo puedes reducir que bueno, si lo puedes optimizar es doble bueno, pero si lo puedes eliminar **es mejor**. Si un proceso cuenta con una etapa que puede ser eliminada porque no le añade beneficio al producto final, estas en camino de hacerlo más simple.

> *Al terminar una más de sus obras sublimes, le preguntaron a Miguel Ángel -el maestro pintor y escultor- "¿Cómo lo había logrado? Simplemente quitándole al bloque de mármol lo que no es necesario, si le retiras lo que le sobra: queda lo que ves allí". La escultura era "El David" donde inmortaliza la escena de su hazaña contra Goliat, su peso supera las cinco toneladas y sobrepasa los cinco metros de altura.*

Por supuesto, este concepto no es nada nuevo y en estos últimos tiempos el concepto de **"filosofía lean"** está desarrollándose en todos los ámbitos. *Lean manufacturing, lean management, lean construction, lean thinking, lean design, lean marketing, lean start up,* "lean" en prácticamente todos los órdenes en donde se busca hacer más eficientes los procesos.

> *Cuando "adelgazas" la operación en cierto proceso, puedes eliminar tiempos de espera, movimientos innecesarios y eso resultará en aumentos en la productividad, beneficios en la calidad y en el rendimiento del producto final. Pero no son los únicos ahorros que puedes hacer: manejar mejor tus inventarios, no producir excedentes, replantear el sistema*

de entregas, eliminar defectos y hasta una subutilización de las capacidades o inteligencias del equipo de trabajo puede llevarle a mejoras interesantes. Según sea el proceso, tiene que hacerse un cruce entre la línea de valor del producto y los recursos de entrada requeridos. Sabemos que efectos externos pueden etiquetarle un valor a un producto, pero en la medida que se invierta menos para producirlo, en esa medida tendrá mayor oportunidad de obtener un mejor ingreso a pesar de no poder modificar el valor de venta. Eliminar desperdicios es toda una cultura y, conforme pasa el tiempo, más se estudia sobre ello debido a una sencilla razón: los recursos del planeta son limitados a lo que "ya hay", ahora la tarea se trata de que alcancen para todos y prácticamente estamos todos envueltos en la labor de hacer más con menos.

¿Qué desperdicia el ser humano? En principio los recursos que usa todos los días: agua, energía eléctrica, los recursos naturales en su mayoría. Se estima que, si seguimos creciendo al mismo ritmo y continuamos las mismas prácticas de sobreexplotación y mal aprovechamiento de esos mismos recursos, en el 2050 requeriríamos al menos dos planetas para darnos abasto. Esto no es un asunto menor. La población mundial de una buena parte del mundo animal se ha visto reducida en más del 50% en los últimos 50 años. La ONU y sus estudios dicen que hay una pérdida cercana a cien especies que se pierden diariamente y hay otras 5,200 especies en peligro de extinción. Algo no estamos haciendo bien, y si queremos un mundo sustentable, debemos adquirir nuevos hábitos para implementar un equilibrio que hoy día, necesitamos reestablecer ¿le dice algo el cambio climático? Vientos, sequías e incendios están ligados a ello. Eliminar lo que no es importante apunta en el destino de mejora. Los resultados no vienen de la casualidad, sino de un proceso de **mejora continua** que empieza cuando cuestionas el *status quo* y te enfrentas a los *paradigmas*. Es increíble la cantidad de productos que están en la vida diaria y emergieron como eventos disruptores por el simple hecho de empezar el camino "lean".

Antes, el nombre del juego eran 3R's, "reducir, reutilizar y reciclar". Después se le añadió una nueva R de "recuperar" para sumar 4R's. Ahora hemos sumado una "S" a esos procesos para anteponer a cada R, la palabra "super". Aunque algunos autores utilizan ahora la palabra "reparar" y llegar a las 5R's. No se trata irle agregando matices a algo que ya sabemos que hace falta: eliminar desperdicios. ¿Cómo empezamos? Existen diversos tratados de mejora continua o de filosofía lean, pero atendiendo el hecho de *"hacerlo simple"*, nos vamos a ocupar de tres tareas básicas: Observar el proceso, identificar las oportunidades de mejora en la cadena de valor, y luego implantar la mejora. Para lograr un resultado satisfactorio es necesario armonizar gran cantidad de tareas y la principal es el compromiso del equipo de trabajo o del responsable. Poner manos a la obra implica medir, cuantificar, registrar, construir, probar, implantar, replantear, operar, automatizar, optimizar, producir y reiniciar de nuevo todo el camino hasta que tu producto tenga exactamente lo mínimo que ocupa para hacer la función que se espera de él.

Todo este encadenamiento de tareas de alguna manera lo caminó Henry Ford con su ensambladora de automóviles. Biografías y anécdotas de él y de todo su legado hay muchas, pero voy a dejarles una que encierra gran parte del camino de hacerlo simple: "ver, buscar y mejorar". Ford se encaminó a desarrollar un solo producto: el Modelo T, buscando soluciones bajó considerablemente los costos de producción y aumentó la cantidad de unidades fabricadas. Cada vez que salía algún automóvil o modelo nuevo de sus competidores, rápidamente se hacía de alguno. A veces lo desmontaba y hacia ingeniería inversa para reconocer alguna propiedad que pudiera mejorar y aplicarlo en sus modelos. Otras veces él mismo los conducía buscando las diferencias que pudieran llegarle a pensar porque el público preferiría un automóvil de su competidor en vez de comprar uno de su fábrica. Cierta vez que conducía un auto, le preguntaron porque estaba utilizando un carro que no era Ford y contestó tranquilamente "mire usted, en este momento no tengo ninguna prisa por llegar a mi destino, si la tuviera jamás conduciría un auto que no fuera alguno de los nuestros". No vamos a cuestionar si esa simpleza la llevo al extremo de utilizar solo pintura de color negro en su Modelo-T y de donde se desprende su famosa frase: "Pídanme cualquier color en el auto, siempre y cuando el color que desee: sea negro", sobre todo cuando nos enteramos que ese mismo color negro podría haber tenido más de veinte tonos diferentes.

Organizar actividades

Raramente uno podría ser creativo entre un desorden. Se le atribuye a Einstein la idea de que "*una oficina con el escritorio lleno o abarrotado, es sinónimo de una mente abarrotada de ideas y que facilitan la imaginación, en cambio, si todo está limpio o vacío, tu mente estará igual*". Me supongo que no todos los mortales tenemos ese nivel de grandeza, así que hay que tomar otras previsiones, y para empezar, tenemos que organizar actividades. Hay que **establecer un orden en las cosas** y para eso, se realizan algunas tareas no limitadas a aquellas que podrían empezar haciendo una lista de actividades o eventos con el fin de disponer su clasificación y ponderar su importancia, es decir, **implantando sus prioridades dentro de un todo**.

Cuando defines la prioridad entre un conjunto de unidades quizá llegue un punto que puedas decidir cortar uno, dos o más eslabones de la cadena que originalmente tenías, y quedarte con lo esencial. No por nada se dice que para resolver un problema primero hay que comprenderlo. Una práctica común es definirlo o separarlo en tantas partes como sean comprensibles, para finalmente poder analizarlas como una unidad. Usando el método que tengan a la mano o de manera instintiva, pueden establecer cierto programa de ordenamiento. Cada proceso, producto o actividad podría tener más de un ángulo de visión, el secreto está en encontrar todas esas formas y empezar a organizarlas.

Empiece por usted o en su equipo de trabajo y ayúdese haciéndose todas las preguntas que considere necesarias:

¿Cuál debería ser el entorno en donde van a desarrollar la mejora?

¿Cómo organizar su espacio de trabajo?

¿Hay el recurso humano necesario para el proyecto?

¿Quiénes podrían ser los adecuados para cada reto?

¿Se requiere alguna habilidad especial?

¿Se tienen los recursos materiales indicados?

¿Como dividir las tareas?

¿Habrá alguna serie de rutas preconcebidas que se puedan transitar?

¿En qué tiempos cruzamos y unimos esfuerzos para ir tejiendo juntos el resultado?

¿Cuál realmente es la meta?

¿En qué tiempo debemos estar allí, o como asignamos los tiempos por tarea?

¿Cuál debería ser el momento de replantear el problema si no se van cumpliendo las etapas?

¿Para qué nos embarcamos en este proyecto?

¿Qué es lo peor que pudiera pasar si no se logra el objetivo?

Y, si tenemos éxito, ¿cómo y cuándo se verán reflejados los beneficios?

Podemos hacernos un sinnúmero de cuestionamientos, y no necesariamente esto es una práctica negativa. A veces las soluciones simples no ocupan tomarse toda una metodología preestablecida, sino en plantearse los cuestionamientos adecuados con las expectativas esperadas. La organización de actividades implica entonces primero clasificarlas.

Aunque es una leyenda urbana, cuentan que en los primeros tiempos de la era espacial, los científicos estadounidenses empezaron a plantearse la manera en que los astronautas pudieran hacer sus apuntes con espacios de gravedad cero y entonces la NASA invirtió un millón de dólares en su proyecto de crear el "space pen", un bolígrafo que pudieran utilizar y por donde corriera la tinta independientemente de la orientación que tuviera en el papel. Los rusos por su cuenta se rieron de tal proyecto y cuando se les pregunto qué harían ellos, simplemente respondieron: "usaremos lápices".

La verdad es que los lápices ya eran utilizados pero tenían el reto de que el grafito pudiera desprenderse y finalmente ese producto era "carbón", el cual resultaba un producto inflamable. Como haya sido, la intención de la fábula era mostrar que los grandes problemas tenían a veces soluciones muy sencillas. Por cierto, los bolígrafos no costaron un millón de dólares como contaban, sino algo menos de diez dólares la pieza.

C lasifico, luego existo. Todo empieza con lo básico que es formar la matriz de lo que se tiene y en consecuencia: sabrá que le falta. La observación y la experiencia tiene un grado muy alto en esta etapa, porque nos puede ayudar a descifrar el siguiente paso que es darle ponderación a lo que haya encontrado. Ayúdese de las más elementales maneras de hacerlo, ya sea en conocimientos empíricos, conceptuales o sume la metodología científica. Cualquier herramienta que tenga a la mano le ayudará a descubrir el orden dentro de ese posible caos. Cuando lo haga, habrá avanzado la mitad del camino, porque ahora sabrá sus fortalezas y debilidades, y estará ahora en posibilidades de caminar en la búsqueda del logro.

Llegar a este punto no es fácil, pero es el empuje que lo llevará cuesta arriba para hacer la priorización de lo que tiene, de lo que debe agregar -si no lo tiene-, y de lo que tiene que eliminar o ir eliminando conforme va avanzando en esta organización de actividades.

No se puede llegar a la meta si no sabe cuál es ella. Cuando no se tiene claro el destino, cualquier camino que tome le parecerá correcto y posiblemente obtenga resultados satisfactorios, pero muy posiblemente se pierda momentos valiosos por no encaminarse desde un principio a donde debe llegar.

> *Los golpes de suerte son pocos y han valido la pena. A fines del siglo XIX, el físico alemán Roetgen repetía una y otra vez los experimentos de Hertz y Lenard para tratar de entender la naturaleza de la corriente eléctrica, utilizaba un tubo de rayos catódicos y aunque se encontraba cubierto, una pantalla contigua fluorescente brillaba en la oscuridad, al tratar de bloquear esos rayos que iluminaban la pantalla, descubrió que podía mirar sus huesos proyectados en la misma. Lo interesante fue que esos rayos no se comportaban como normalmente lo hacia la luz, que de manera usual tiene características de refracción y reflexión. Siguió trabajando, pero ahora en su nuevo descubrimiento el cual revolucionó la física y la medicina: eso que había descubierto son ahora conocidos como Rayos-X.*

A veces la confusión en la meta o no plantearse de manera adecuada las tareas nos puede llevar por otros caminos, y como comentábamos, pueden traer algunos beneficios inimaginables, lo que si no es azar y que seguramente le dará resultado es **ordenar, clasificar y priorizar**. El orden fomenta la disciplina, y su constancia nos mueves a ser más productivos.

Si la **filosofía lean** nos ayuda en el proceso de eliminar lo que no es importante, la filosofía de las 5'S nos ubica en ese camino tan básico: **"un lugar para cada cosa, y cada cosa en su lugar".** Aquí no hay espacio para el caos, y la magia la hace el orden.

Aprovechar el Tiempo

Nadie tiene un banco para depositar el tiempo, así que no se puede ahorrar, lo que sí se puede hacer es usarlo de manera provechosa o efectiva, o simplemente dejarlo ir y perder algo tan valioso.

Ahora puede tener mas significado el término **"keep it simple".** No le dedique tiempo a las cosas que no le aportan valor a lo que realmente es importante. Hay un punto en el que de pronto reconocemos que elegimos entre cosas importantes y no importantes y entre otras cosas que son urgentes y otras que no lo son, y cae en cuenta que lo importante no siempre es lo más urgente.

¿Qué podría ser llamada una situación importante? Sin duda alguna, son todas aquellas cosas que de no atender podrían causarle un daño con consecuencias negativas. La cuestión de urgencia tiene que ver con límites de tiempo que se establecen y no tienen nada que ver con la importancia en que se ejecutan.

Invariablemente el día tiene veinticuatro horas, y muy medidos sus minutos y segundos. Si un producto se tarda cuatro horas en producirlo en su línea de producción y necesita hacer entregas de treinta piezas, matemáticamente puede entregar el pedido en ciento veinte horas o lo que es lo mismo: en 5 días podría completar la orden. Si usted agrega una línea adicional de producción, lo entregaría en la mitad del tiempo, pero si no hay urgencia de hacer entregas y no puede recuperar algún beneficio adicional al instalar esa segunda línea productiva, entonces quizá no valga la pena en invertir en más recursos y seguiría entonces, entregando sus treinta piezas de manera puntual cada cinco días.

Solo puede hacer cierto número de actividades en un tiempo finito, y allí está la magia: **"¿Qué tantas más cosas puedo hacer en el mismo tiempo?"** o lo que es igual -o más importante-: "en el mismo tiempo, ¿qué tantas cosas puedo dejar de hacer, para hacer algo más?"

Cuatro factores o cuadrantes con los que lidiamos todos los días:

C1 Importante y urgente.

C2 Importante y sin urgencia

C3 No importante y urgente

C4 No importante y sin urgencia

Esto es lo que se conoce como *"La Matriz de Covey"* (principio original de la caja administración del tiempo de Eisenhower) y le va a ayudar cuando empiece usted a elaborar su lista de tareas y le asigne una ponderación y un lugar en su cuadrante de trabajo

C1 IMPORTANTE Y URGENTE *Actúe de inmediato*	C2 IMPORTANTE Y NO URGENTE *Tiempo de Planear*
C3 NO IMPORTANTE Y URGENTE *Delegar a tiempo*	C4 NO IMPORTANTE NI URGENTE *Elimínelo o déjelo al final*

En la medida que podamos ajustar estos cuadrantes, vamos a resolver el misterio de aquellos que se preguntan de manera constante "¿Por qué a mí no me alcanza el tiempo y a otros sí?"

¿Por qué no se aprovecha el tiempo? Hay una gran cantidad de factores que van desde:

No hay claridad en el objetivo o en la meta

Los trabajos no son orientados al logro

No se planifica de manera adecuada

Se fijan tareas simultáneas no coordinadas

No hay recurso que alcance

No se toman decisiones a tiempo

Nos gana la urgencia

Las tareas no se completan según el plan

Y, la lista puede ser diez veces más grande.

Si cae en el cuadrante C1, no hay mucho tiempo para planear, asi que lo más recomendable es que empiece a tomar medidas de acciones inmediatas y ponga manos a la obra. A veces cometemos errores por ser reactivos en nuestro desarrollo cuando hay urgencias importantes que atender. **Ser "multitasking" es un mito**, si usted es de los que hacen más de una tarea de manera contínua, la probabilidad de error es muy alta. Estudios recientes dicen que el cerebro no puede procesar varias tareas al mismo tiempo y de hacerlo, puede disminuir hasta en un cincuenta por ciento su efectividad en una de ellas. Cierto, nuestro cerebro respondía a muchos estímulos por cuestiones de supervivencia, en tiempos remotos podíamos estar atentos a cualquier movimiento para resguardarnos de un depredador o alistarnos para enfrentarlo, pero en el correr del tiempo esta capacidad ahora nos distrae y evita concentrarnos en lo importante al realizar o tratar de realizar varias tareas a la vez.

Si caemos en los cuadrantes C2 y C3, entonces quizá pueda empezar a delegar y planificar según sea la circunstancia. En la medida de su tiempo y los recursos que tenga, aquí es donde puede intentar clasificar y priorizar más a fondo y lo que es mejor: establecer estrategias y rutinas que lo lleven al aprovechamiento del tiempo, para que en un futuro cercano no tenga que ser reactivo tratando de atender las situaciones del cuadrante C1.

L a gestión del tiempo lo marcan sus prioridades y la implantación en su modelo de trabajo productivo, Pero solo gestionándolo es como puede planear sus tareas, y bien puede empezar a hacer su lista de quehaceres "ToDo List" de acuerdo a los resultados que espera obtener. No hay una regla escrita para cada caso y como es de suponer, para cada regla hay una excepción, asi que no se preocupe en su metodología siempre y cuando empiece por implantar sus hábitos de planificación y acción. La teoría de límites dice que cuando una tarea tiende a un resultado, al final, simplemente ese resultado se va a obtener. Es cuestión de hábitos y perseverancia.

L o mejor de visualizar y ponderar estos cuadrantes, es cuando llega a tener tareas que caen en el cuadrante C4, las cuales no son importantes y tampoco son urgentes. ¿Las puede eliminar? Es el tiempo de decidir si puede ir olvidándose de alguna de ellas o de replantear si realmente tenían algún objetivo en el resultado final.

Aprovechar el tiempo es sencillamente: hacer bien lo que tienes que hacer, en el momento que lo debes hacer y al menos con la calidad esperada cuando se concluya.

"Los planes son inútiles, pero la planificación lo es todo" decía Dwight Eisenhower, quien tiró a la basura una nota que guardaba en su bolsillo después del gran desembarco de Normandía, conocido ese ataque como el Dia-D. La nota decía: "La operación no obtuvo el éxito esperado y tuvimos que abandonar la batalla y dar retirada. La información que obtuvimos y los estudios que previamente hicimos nos marcaron la estrategia. Todo se planificó con los más altos niveles tácticos que teníamos de nuestros ejércitos. Si algo salió mal y si hubo alguna falla, es solo mi responsabilidad". El desembarco fue un éxito y su consecuencia fue el tejido de la victoria final de los aliados. El ataque se empezó a planear muchos meses atrás y se revisó incluso hasta las arenas de playa donde llegarían al punto de los ataques. Estaba todo tan bien planeado, que se incorporó en el plan los costes de las pérdidas posibles. Cuando un objetivo se analiza y se establecen todas las tareas que pudieran incidir en su resultado dándole a cada etapa sus soluciones, es muy difícil que algo pueda fracasar. Si por alguna razón existe una

mínima posibilidad de falla: planifique su nota final y téngala a la mano para afrontar los hechos y empezar de nuevo.

REGLA #2 "STAY FOCUSED"

De acuerdo a la RAE, la palabra "enfoque" tiene 4 acepciones y se relacionan con la "visión". Solo nos vamos a remitir a una de ellas que menciona que es la acción de "enfocar" o concentrar la atención a un tema, situación o problema, con recursos desarrollados para resolverlo de manera acertada. Su raíz latina significa "dirigir la atención a un asunto". En ese sentido, "mantenerse enfocado" tiene que ver con una tarea o tareas orientadas a dar respuesta eficaz y eficiente a un objetivo o meta planteada.

Si hablamos de mantener el enfoque en el plano empresarial, sería entonces, poner atención en la misión y la visión que tenemos de la empresa o el grupo en el que estamos colaborando, con el fin de asegurarse que todas las tareas que se realizan, tienen algún aporte a esa misión y visión planteada.

Para cumplir ese reto establecido o cualquier tarea súbita, hay que ir resolviéndolos en la secuencia que nos permitan mayores beneficios, y en ese camino de tránsito también se vale corregir el rumbo de las acciones que estamos tomando. Esto sirve siempre como una **tarea de candado**: si un proceso no se alinea en la meta planteada o en la manera de afrontar cualquier evento repentino, puede suceder que, (1) las acciones tomadas no pudieran ser las correctas, o bien, (2) que la meta no es la que debería ser.

Por otro lado, si hablamos de mantener el enfoque en nuestra vida personal, pasa algo muy similar: si algo que está haciendo o que en ocasiones realiza, tiene alguna fase que no aporta o contribuye con experiencias positivas a su vida, muy probablemente se encuentre en situaciones de desenfoque en alguno de sus propósitos.

¿Cómo mantener el enfoque? Usted va a encontrar cantidad de información al respecto, y cada autor le puede listar dos, cinco o más soluciones, pero la verdad es que no hay una receta exacta, ya que todas las situaciones se van a adaptar a lo que tenga que hacer para llegar a su meta y cumplir el propósito que se plantee. Para hacerlo simple y atendiendo a la idea de mantenerlo de esa manera, déjeme recomendarle solo tres cosas:

1. Elimine distracciones
2. Establezca la meta
3. Elabore su plan de trabajo

Metodología y estudios apoyados en neurociencia y otros métodos científicos hay bastantes, no nos vamos a referir a alguno en especial o declarar un énfasis especial en uno a seguir. Lo que resulta importante es **clarificar cada una de estas ideas**.

Cuentan que cierto faro en el siglo XIX, a las afueras

de Boston se le suministraba de manera programada el combustible requerido y con un razonable abastecimiento extraordinario para cualquier eventualidad. Entonces se presentaron dos problemas encadenados, una pequeña fuga imperceptible apareció, y no se hizo notoria esa falta debido a que, la regleta de nivel del tanque de combustible se averió y bajaba menos de lo que realmente se estaba consumiendo de petróleo – he allí el segundo problema-. Aunado a eso y también por el mal tiempo que se extendió de manera in-usual, unos pobladores de unas viviendas colindantes, se acercaron a pedir un poco de combustible para sus lámparas en casa. El cuidador del faro no dudó en hacer ese préstamo a sus vecinos, confiando en que aún tenía suficiente antes de la próxima recarga. El relleno programado no pudo real-izarse debido a una tormenta mayor y el cuidador del faro sin preocuparse solamente dijo a tierra: "no se preocupen, según mis cuentas y lo que marca el nivel: aún tengo com-bustible suficiente para dos semanas más". Unos días antes de cumplirse las dos semanas, enmedio de otra noche de tormenta, el combustible se acabó y el faro se quedó sin iluminación. Como era de esperarse, nadie pudo guiar o dar rumbo a las embarcaciones cercanas que regresaban a casa. El saldo fue de varias embarcaciones encalladas y col-isionadas en piedras y acantilados. El cuidador del faro no se explicaba el fallo y no había excusa que valiera. Era su responsabilidad más importante: "no dejar que la flama se apagara" y para eso, el petróleo era su principal aliado. No poner atención a su principal trabajo tuvo costos irrepar-ables. Alguien podría excusarlo pensando que hubo fallas que no eran su responsabilidad, pero cuando se trata de NO fallar, hay que hurgar en todos los rincones para no caer en algún error que pueda provocar pérdidas que hubieran po-dido evitarse. Manténgase enfocado y ocupado en su tarea principal.

Elimine distracciones

Estamos de acuerdo que podemos estar en la oficina y no necesariamente estamos trabajando. Podemos estar en la línea de producción sin estar produciendo. Sentarnos dentro de un cine que proyecta una película interesante y no poner atención en ella, o simplemente escuchando un pedido de ayuda en una tarea escolar de un hijo y tener que decirle: ¿Podrías repetirme la duda?

Pasamos lapsos de tiempo distraídos. Si revisamos las conexiones a internet en el 2020, veríamos el siguiente promedio diario de conexión en horas y minutos -en personas que van desde los 15 a los 55 años de edad-: Estados Unidos 6:40hs, Rusia 7:15, Brasil 8:05, México 7:30, Alemania 4:55, Japón 4:30. Estos números se han triplicado desde el 2010 y se cree que aumente un 10% de manera cíclica hasta llegar un promedio de casi once horas por día, de los cuales, al menos una tercera parte de navegación son -o serán- redes sociales. Usted está ahora conectado de distintas maneras, un teléfono inteligente, su ordenador o equipo de cómputo en su trabajo, su televisión, su tableta portátil de lectura, interactúa en casa con el internet de las cosas cuando pregunta algún dato a su asistente virtual ya sea alexa, siri, google o cortana, y sigue conectado hasta en las pantallas de centros comerciales o aeropuertos. Puede regular el encendido de algún dispositivo en casa haciéndolo desde su oficina o en trayecto hacia ella, o bien, puede revisar cámaras en tiempo real de los espacios que necesite monitorear. En un plano gerencial, puede supervisar avances de producción en tiempo real o las condiciones de cualquier equipo de su fábrica. Sin duda, fuera del trabajo o estudios, alguna de estas conexiones o actividades puede ser uno de los mayores distractores en el mundo actual. Si usted cree que se conecta solamente dos horas al día, no se preocupe, o se olvidó de sumar algunos espacios de tiempo, o alguien se conecta las horas restantes por usted.

No estoy diciendo que esto sea su mayor distractor, sino que a veces no nos damos cuenta de que algunas cosas que hacemos, nos muevan más a la banda del desperdicio que del aprovechamiento del tiempo. Pasa en todas partes, no somos la excepción a la regla. Recuerde usted recientemente alguna reunión social o de trabajo y de repente alguien formula una pregunta o necesita algún dato, entonces la mitad de los presentes alcanza su celular y accede a la nube para ofrecer respuestas de manera inmediata, inclusive en ese momento quizá la mitad de esa gente, se encontraba distraída sin atender de manera consciente la reunión, pero en el momento del disparo de la pregunta o la duda, fueron a conectarse a la red para seguir distraídos y otros, para solícitamente ayudar en la respuesta. Esto ya es de alguna manera normal, aunque podría no ser lo mejor que puede pasar. Es algo que tenemos latente en cualquier momento, los distractores se encuentran por todos lados independientemente que te encuentres en la oficina, en casa, en la escuela, en el trayecto a algún lugar, vamos, hasta en el momento de reposo hay algo que lo puede distraer de descansar de manera adecuada.

Cuando leemos o escuchamos estadísticas, lo natural que uno puede pensar -según sea el caso- es que esos números muy posiblemente están lejos de la realidad y usted en descargo tendrá sus propios datos o su propio cristal para cuantificarlos, pero es un hecho irrebatible que, eliminar la distracción del celular mientras se conduce disminuye en más de 3 veces el riesgo de sufrir un accidente de trá-

fico y evita al menos 1.5 millones de muertes anuales en el mundo, debida a esta costumbre.

Eliminar esas distracciones puede resultarle una tarea difícil, pero en la medida como lo vaya logrando, usted habrá aprovechado mejor el tiempo, y muy posiblemente salga ganando cuando pueda usarlo en cosas que antes no podía. Los siete hábitos de Covey, fueras de serie de Malcom, los cuatro acuerdos de Ruiz, las doce reglas de Jobs, la regla de oro de Hill, las veintiún leyes de Maxwell, y todo lo que tenga a la mano le puede ayudar a entender algo muy simple: "**concéntrese** en hacer primero: lo primero, **y hacerlo bien**"

¿Cómo puede eliminar distracciones? De la manera más fácil que pueda imaginarse: solo haga a un lado esa -o esas distracciones- y **empiece a establecer su meta y prioridades**. Todo aquello que pueda distraerlo: apáguelo, desenchúfelo, ciérrelo, ordénelo, déjelo para mas tarde o póngalo en la basura. Encienda para usted el *"modo no distracción"*. ¿Qué es lo que va a poner en el "modo no distracción"? Empiece por redes sociales, notificaciones telefónicas, celular, llamadas no importantes, revistas, periódicos, radio, televisión, desorden, y todo aquello que no le aporta valor a su tarea. Cuando tenga tiempo para ponerse en *"modo distracción"* es que ya pudo resolver las cosas importantes.

Establezca la meta

Recuerde algo importante: "las metas son propósitos con fecha de caducidad". La palabra "meta" proviene del griego y entre otras cosas, significa "después" o "mas allá de". La RAE, entre otras acepciones dice que meta es "a donde se dirigen las acciones o deseos de alguien". Independientemente que se pueda usar como un prefijo a otras palabras con significados interesantes como metafísica, metamodelos o metacentrado, a nosotros nos interesa como "la marca a la que dirigimos o alinearemos nuestros esfuerzos". Llegar a ese punto es señal de haber logrado algo propuesto.

El resultado final esperado puede verse dividido en etapas a las que usted también puede llamar meta, y conforme se van consiguiendo se estará acercando a llegar a la meta final.

Establecer esa meta final o esas etapas intermedias requiere de algo muy sencillo: Uno es saber de "dónde va a partir", y el siguiente es a "donde quiere llegar". Es decir, para establecer una meta es imprescindible conocer el punto de partida y el punto de llegada. Dos preguntas básicas que lo van a alinear: **¿Dónde estoy? y ¿A dónde voy?** Resulta simple, ¿cierto? Y así es, en la medida que usted comprenda y descubra el momento, la situación, el punto o la marca de inicio, ya resolvió un buen porcentaje del problema, ahora viene la tarea que representa el resto del trabajo: saber por dónde ir. *"En un pasaje del cuento de Alicia y sus aventuras en el País de las Maravillas, ella le pregunta al gato qué camino tomar, y el sonriente gato Cheshire le contesta: Eso depende mucho del lugar adonde quieras ir. Si no sabes adónde quieres ir, no importa qué camino sigas".* No es la idea decir que establecer una meta es tan fácil que cualquiera puede hacerlo, pero establecer una meta nos obliga a centrarnos en un camino.

Tenemos dos extremos en donde vamos a sujetar el puente. El primer extremo se llama punto de partida y el extremo final se llama meta. Para saber si el puente lo podemos tender entre estos dos puntos de anclaje, vamos a poner una malla de filtrado que nos diga si ese puente va a resistir nuestro camino. Esa malla tiene cinco tejidos básicos **"Q4C"**:

a)   **QUE**. *¿Nuestra meta está definida? Es decir: ¿tenemos bien enfocada la ruta a seguir y sabemos que "eso" es precisamente lo que se quiere alcanzar?*

b)   **CUANTO**. *¿Podemos conocer los pasos que damos mientras transitamos? Es decir: ¿se puede cuantificar el avance que vamos teniendo?*

c)   **COMO**. *¿Este camino tiene viabilidad? O lo que es lo mismo: ¿el logro que buscamos alcanzar es posible y aporta algo a mi crecimiento?*

d)   **CON QUE**. *¿Tengo lo que necesito para caminarlo? Es decir: ¿la meta planteada es realista y puede ser llevada a cabo con mis capacidades o las capacidades de los involucrados?*

e)   **CUANDO**. *¿Tenemos establecido el tiempo para llegar a la meta? Es decir, ¿el plazo de tiempo que tenemos es suficiente para lograr el resultado esperado y es el tiempo límite que me pueda generar el beneficio que se busca?*

No es coincidencia mencionar estas formas básicas. Quintiliano, unido al pensamiento de Cicerón -aunque señalado como "menos profundo" que éste último-, nos legó el "hexámetro" de las 7 preguntas claves: "Quis, quid, ubi, quibus auxiliis, cur, quomodo, quando" (quién, qué, dónde, con qué, por qué, de qué modo, cuándo). Ésta guía, de alguna manera apuntaba en la educación de la población en

la antigua Roma. Esas preguntas no dejarán de ser pauta en varias de las corrientes del pensamiento, en la forma de estructurar razones de proceder y auxilian en la reflexión durante procesos de aprendizaje.

◆ ◆ ◆

Si el puente que quiere tender puede tener respuestas positivas al menos a estas condicionantes, entonces usted ha definido de manera correcta esa "meta". Tenga la seguridad que la probabilidad de éxito es muy alta si realmente la analizó de esa forma. Conforme avanza en el camino, por supuesto que puede redefinir su meta. Grandes cosas han pasado en la historia cuando algunos embarcados en un viaje, llegaron casualmente a otro destino igual o mejor (Recuerde a Colón, quien no esperaba llegar a América y cambió la historia). Pero no se preocupe por eso, ya comentamos que los golpes de suerte existen y aplicándose en este ejercicio en particular, cada vez que intenta más las cosas, persiste en ellas y suma más pasos persiguiendo su propósito: **lo más probable es que lo consiga.** Por otro lado, si su meta es llegar a la luna colgado de un dron, veo muy difícil que pase alguno de esos filtros. Asegúrese que sus metas dejen de ser solamente sueños o buenos deseos, analizándolos desde esta perspectiva *Q4C*, sea cualquier meta posible: una profesión, una empresa, un proyecto, un nuevo producto, o inclusive llevarlo a un plano más personal o individual como puede ser aprender un nuevo oficio, idioma, cambiar de residencia o mejorar una habilidad.

Elabore su plan de trabajo

Si establecer una meta es nuestro concepto de visión, entonces elaborar un plan de trabajo lo podríamos asentar como nuestro cometido de misión. En ese orden de ideas, tenemos ya establecido una meta o un propósito y lo vamos a cumplir en base a un programa o planificación de eventos que nos lleven al resultado esperado. Es decir, se trata ahora de asemejar una lluvia de ideas, que den lugar a opciones o alternativas que nos resuelvan la situación planteada. Anteriormente habíamos hablado de eliminar lo que no es importante, priorizar las actividades y aprovechar el tiempo. Ha llegado el momento de aplicar esos conceptos para desarrollar y trabajar en la misión que nos lleve a la visión.

Aunque la intuición y el olfato para elaborar un plan es una cualidad que algunos tienen más desarrollada que otras personas, no se preocupe, no es nada que no pueda llevar a cabo si trabaja en ello, así que tenga la paciencia de la perseverancia y lo va a lograr. Peter Drucker lo definía muy bien a finales de los años sesenta: "la eficiencia es cuestión de hábitos y puede aprenderse". En ese sentido, cualquier tarea que se le ocurra para cumplir un plan, es digna de escribirse, poco a poco llegara la práctica para mejorar esas ideas o tareas, y la maestría de acomodarlas en el tiempo, con su ejecución en el momento adecuado. A fuerza de esas repeticiones y agregando el hábito aprendido, no tardará en reconocer la "sabiduría" de retener en cualquier momento alguna idea que merece ser continuada, o eliminarla o posponerla de ese plan de trabajo cuando su utilidad este en duda. Sea optimista: no hay

46

ideas malas o ideas buenas, hay ideas que funcionan y hay ideas que simplemente no funcionan. Cuando acepte esa diferencia y deje de limitarse, empezará a encontrar opciones que faciliten soluciones posibles.

Cuando haya reconocido las tareas que lo van a llevar a lograr su meta y que ya pasaron el tamiz **Q4C**, ahora es tiempo de programarlas en un orden específico de ejecución, poniéndolas sobre un calendario y analizando cual o cuales de ellas pueden resolverse de manera paralela o se pueden entrelazar, cuales podrían ser independientes entre sí y cuales necesariamente deben empezar antes de resolver alguna de ellas con antelación. Cada tarea tómela como un evento único: asígnele los recursos necesarios, cualesquiera que éste necesite, ya sea humanos, tecnológicos, materiales, logísticos, climáticos, financieros y todo aquello que pueda o deba imprimirle para cumplirla de manera satisfactoria, siempre midiendo los parámetros de tiempo y rentabilidad. *"Los retos nos motivan a mejorar, cuando llega un éxito seguramente hubo alguien que tomó una decisión correcta y cuando haya dificultades al frente: la magia será verlas como oportunidades y no como problemas"*, estos son aportes de Drucker, que aún en estos tiempos perduran como invaluable docencia.

Conocer las tareas, darles programación y revisar la asignación de recursos es lo que va a definir gran parte del éxito para llegar a la meta. Cuando esta claridad llega al plan, se conocen las limitaciones y se pueden anticipar soluciones, esto le va a permitir medir de mejor manera los riesgos y en ese camino, quizá pierda sus caballos o torres, pero si hizo bien la tarea, cualquier pérdida estará previamente medida. Vencer en la partida es la meta. La estrategia es para ganar, pero lo que más divierte -a menudo- es el viaje, así que ajuste sus metas y empiece lo más pronto que pueda.

No hay trucos ni magia: Para encontrar el nuevo día, tienes que cruzar la noche. Es un ciclo natural que de la manera más simple refleja el hecho de que no todo es claridad ni todo es tiniebla. Tener la paciencia de "saber" el momento en que llega la luz es solo una parte, la otra parte es estar listo para cuando esa luz llegue. Los ciclos de noche y día se van a suceder uno tras otro y cada ciclo es una oportunidad de estar más listo para el que viene delante. No quiero sonar pesimista, pero un día se van a terminar esas oportunidades, le aconsejo que tome consciencia de ello y trabaje arduamente en sus propósitos.

Ejemplos de vida hay muchos y seguramente hay algunos más notables de los que nunca nos vamos a enterar, pero déjeme platicarle de Enhamed Mohamed. Él, de alguna manera era un chico normal. A sus ocho años sufrió un desprendimiento de retina que le provocó una ceguera, pero su resiliencia le impulsó a buscar la manera de valerse por si mismo. Aprendió a nadar a sus nueve y la natación fue su salida y refugio, tarea que practicaba de manera persistente. Su limitación no fue impedimento para llegar a ser campeón olímpico y obtener medallas de oro en diferentes campeonatos y justas mundiales. Batió y ha impuesto récords en su disciplina. Se le considera el nadador paraolímpico más grande de la historia. En competencias, sabía que había ganado cuando la gente le aplaudía y le gritaban su triunfo, él no lo podía ver.

Su mensaje es muy simple: "para alcanzar tu meta: empieza escribiéndola en un papel". El visualizaba su triunfo con cada brazada.

REGLA #3 "GET INSPIRED"

V ivo en una ciudad donde las temperaturas en verano se mantienen de manera cotidiana por arriba de los 42 grados centígrados. Antes de levantarse en uno de esos días, el primer pensamiento o cuestionamiento que le puede llegar no solo a mi sino a varios de mis conciudadanos, es una pregunta que ha flotado y seguirá flotando en el aire por generaciones que, con o sin maledicencia de por medio, murmuran o gritan según si es que el termómetro va a la alta -o a la más alta-: "¿Qué hacemos viviendo aquí, que cuando no es invierno es infierno?". Cuando por esos días casi imposibles de bien vivir, recibo visitas de clientes o proveedores venidos de otras partes, es una costumbre sanadora y una manifiesta solidaridad terrenal decirles: "qué bueno que vino hoy!! porque el día de ayer el calor estuvo terrible y a razón mínima de varias cervezas por hora". De más está decir que recibir otras visitas otro día o la semana siguiente, el mensaje solidario de bienvenida seria el mismo. Viene esta pequeña reseña geográfica porque una de esas mañanas, cuando el termómetro marcaba arriba de los 45 grados centígrados, me dirigía a una diligencia y de pronto me percaté que una persona iba corriendo por el arroyo de la calle. Por la vestimenta que cargaba, la intuición me decía que no podía tratarse de otra persona que no fuera un atleta -o alguien parecido-. Evidentemente no lo iba persiguiendo nadie, mención aparte: no creo que a esa hora, con el sol a plomo y con ese calor, alguien le pudiera llevar el paso. Lo que siguió a continuación fueron unas preguntas que me hice en lo que cambiaba la señal de espera del semáforo: "¿Qué hacía ejercitándose ese hombre, a esa hora y con ese calor"? ¿Qué lo motivaba? ¿Cuál era su estímulo? Después me puse a reflexionar que en otras ciudades pudiera estar el clima a 15 o 20 grados centígrados bajo cero y seguramente pudiera encontrarme a la misma persona, o a otra, haciendo exactamente lo mismo sin importar el clima o la hora. ¿Cuál es entonces la fuente de inspiración para ejercitarse a pesar de las circunstancias? ¿Cuál es la diferencia que hace la diferencia, de que unas personas se levanten más temprano que otras y se esfuercen en sus quehaceres por encima de otras, a pesar de tener las mismas o más responsabilidades, exigencias, necesidades o limitaciones? Sin duda alguna: La Inspiración.

La inspiración es hija de la necesidad y madre de la creatividad. Es una palabra compuesta que viene del latín, que significa introducir aire a los pulmones y tiene varias acepciones que pueden ser teológicas, espirituales y hasta artísticas. La RAE menciona una de ellas en la que voy a centrarme: *"estímulo que anima la labor creadora".* Inspiración es un verbo que invita a **"hacer algo diferente"** a lo que normalmente hacemos y viene de la mano con **"crear un cambio"**. Actitud, convicción, creatividad, fantasía, ingenio, deseo, motivación, apremio y súmele usted todo el arsenal de recursos que pueda ser el combustible que encienda su chispa, y que lo haga intentar o lograr ese cambio en su vida.

Walt Disney no lo pudo haber dicho mejor: "si lo puedes soñar, lo puedes crear".

Juntando los conceptos de "imaginación" con "ingeniería" formaron un equipo de trabajo llamado "Imagineering" encargado de diseñar y construir parques temáticos. Lo hacen alineados a su misión y visión: ofrecer entretenimiento de calidad a las familias con experiencias mágicas en todo su portafolio de productos. Pero para construir el "lugar más feliz de la tierra" tenían que contar con personal que compartiera los mismos valores, entonces se dieron a la tarea de involucrarlos en ese proyecto ofreciendo educación con la que han implantado esa filosofía. Hoy día su cultura de entretenimiento orienta a todos sus colaboradores. Su cultura es la imaginación y le dan forma a sus sueños con ingeniería. Tienen mas de cien disciplinas donde se involucran todos los aspectos para ofrecernos un ambiente seguro y mágico. Con un equipo orientado a la innovación, es una consecuencia esperada -de ese equipo de trabajo- contar con registros de patentes de manera habitual.

¿Cómo mantenerse inspirado? Volviendo a ejercicios anteriores, no existe la receta perfecta y cada quien tiene algún camino que lo puede llevar a ese estado. Algunos dicen que los logros obtenidos son 20 por ciento inspiraciones y 80 por ciento transpiraciones, refiriéndose a ese término como "trabajo". **La inspiración se trabaja**, y algo parecido pensaba Picasso cuando tomaba sus pinceles en la mano diciendo algo así como "más vale que si llega la inspiración, me sorprenda trabajando". Sea cual fuere su idea o las experiencias a su alrededor, vamos a trabajar en 3 ideas que lo podrían iluminar en ese camino:

1. Tener actitud positiva
2. Desarrollar la imaginación
3. Establecer un modelo

Tener Actitud Positiva

Seguramente ha escuchado muchas veces la expresión: "¿Viste como se comportó esa persona, cuando paso X situación?" Quizá no sea curioso que la expresión sea más usada para exponer una actuación negativa, que ensalzar una acción positiva.

Benedetti en unos de sus haikus decía que "un pesimista es un optimista con más información". No es un secreto saber que **a los optimistas les va mejor que a los pesimistas**. Elegir un camino en cierta circunstancia es cuestión de actitud, de allí que "actitud" sea definido como la acción, el comportamiento o la respuesta a cierta situación que se presenta. La actitud tiene un anclaje básico en nuestro nivel de creencias y en un intrincado y complejo estado en que confluyen valores, emociones, personalidad y otras características que tienen que ver de manera directa con la naturaleza humana. Es tan importante la "actitud" que ha sido estudiada de manera muy profunda, y amén de más investigaciones al respecto, la psicología, filosofía o neurociencias nos han dado más herramientas para entenderla mejor y tratar de sacar el mayor provecho al momento de procesar una información y actuar en consecuencia.

Por ser parte básica de la personalidad y tener esas raíces en creencias y valores, ciertos estímulos tendemos a etiquetarlos o darles "valor" positivo o negativo de una manera cualitativa o cuantitativa según sea la experiencia aprendida o grabada a nivel primario o superior. Una persona es una unidad de una sociedad, en ese sentido, una persona es una unidad básica -de esa sociedad- y su comportamiento puede esperarse diferenciado de otra persona, a pesar de que ambos o más personas conformen ese ecosistema de grupo. Como "sujetos" de una sociedad, "tendemos a ser "subjetivos" y esa particularidad no solo tiene que ver con las vivencias propias, sino con la moral impuesta o adquirida, y adicional a sus raíces naturales, simbólicas, espirituales o, según las orientaciones sociales e intelectuales de su medio. Finalmente, y aunque "actuar" sea una consecuencia a un estímulo, esa actuación se mueve de manera directa al terreno de las "emociones", y allí es donde la neurociencia nos ayuda mucho a entenderlas.

Entender porque "hacemos lo que hacemos", es el primer paso para corregir un camino que pudiera no ofrecernos beneficios. Partiendo de un modelo evolutivo, las emociones tienen que ver con un instinto de supervivencia y su atención se altera en base a los estímulos de entrada que se reciben. **Ahora, ¿Cómo hacer que esa atención se altere de manera positiva?** ¿Se puede aprender a tener una actitud positiva? Si a nivel neuronal o fisiológico no hay algún accidente o lesión que lo impida -y se siguen haciendo estudios en ese campo-, no debería haber una limitante de aprender a tener o desarrollar una actitud positiva. Nuestras conversaciones "interiores" como se le ha llamado al "diálogo interno" influyen sobremanera en esta parte y tratar de tener ese diálogo interno positivo es un primer paso adelante.

Eliminar lo que no aporta, o eliminar lo que nos distrae de un objetivo mayor, es en todos los órdenes el primer recurso que tenemos para trabajar. En ese camino, eliminar diálogos internos negativos es el primer paso. Necesitamos eliminar de nuestros pensamientos toda la carga negativa que tenemos acumulada o que nos viene acechando, y créame que su salud se lo va a agradecer: A nivel médico es una certeza de que un pensamiento negativo lo puede enfermar o terminar enfermándolo en cierto momento y dependiendo de lo profundo de esa creencia. Un viejo proverbio dice que nuestros pensamientos generan nuestro lenguaje, el lenguaje deviene en palabras o acciones, y si se repiten de manera constante: se harán hábitos. Los hábitos se implantan como disparos de supervivencia y si no tuvo buenos pensamientos, muy probablemente actuara de manera negativa.

Si su diálogo interno no le ayuda a establecer buenos hábitos, elimine esa carga. Citando al comunicador y psicólogo PhD Jorge Castañeda le doy una pista que me ha compartido: "Involúcrese con la práctica de Mindfulness, que consiste en mantener la atención sobre la experiencia presente, una atención que no juzga, que observa con curiosidad y ecuanimidad. La práctica constante de esta disciplina modifica física y funcionalmente nuestro cerebro, algunos de los beneficios son: mejora la autorregulación emocional; favorece los procesos psicológicos como la memoria, la atención y la inteligencia; mejora la toma de decisiones y en general las funciones ejecutivas; disminuye los niveles de ansiedad y estrés; y algo muy importante es que mejora la función inmune. La investigación científica ha maravillado al mundo, una práctica tan antigua beneficia en muchas dimensiones al ser humano. Mindfulness es el chaleco salvavidas de la Inteligencia Emocional"

Aún cuando gran parte del entorno tiende a complicarse o tiene su parte difícil y negativa, su actitud será el eje por donde transitara su día y moverse a la banda de mejora podría ayudarlo a obtener mejores resulatos. A pesar de los peligros y los temores, su actitud es la base de la grandeza para enfrentarlos y triunfar sobre ellos. Medite en eso. Victor Küppers menciona una tesis que para él no solo es fundamental aplicar, sino que aplica en todo lo que hacemos, y muestra una sencilla formula que tiene que ver con lo que hemos platicado aquí: **V = (C+H) x A.** en donde "V" es igual al valor, "C" equivale a su conocimiento, "H" representan sus habilidades y "A" es la actitud que toma dependiendo de la situación. La "Actitud" multiplica en la ecuación, así que cuídese de tener buena actitud para avanzar más rápido en la solución de problemas y obtener mas valor en sus acciones. Como bien apunta Victor: "la diferencia entre las personas increíbles no está en su conocimiento sino en su actitud"

Cuantas veces nos hemos hecho la pregunta: "¿Por qué no pasó lo que estaba esperando? ¿Por qué a mí no se me premió? ¿Por qué no alcancé a ver esa oportunidad? ¿Por qué las cosas me llegan a destiempo? ¿Por qué falló tan estrepitosamente el proyecto?" Estas preguntas igual vienen de personas con un gran talento o con aquellas que reúnen las condiciones que podría uno pensar "¿Cómo es que le paso a Él?" ¿Nos ha pasado lo mismo? ¿Creen que su vida podría ser muy diferente si hubieran tenido una mejor actitud al momento de resolver alguna situación pasada? Si ya conocemos las respuestas ¿Cómo es que no trabajamos en empezar a cambiar?

Donde unos ven problemas, otros ven oportunidades. Las personas de actitudes positivas ajustan sus velas en tiempos de vientos y se dirigen a mejores aguas. Una actitud positiva es la clave. Olvídese -tan pronto pueda y mientras haya tiempo- de actitudes negativas, manipuladoras, neutras, agresivas, pasivas, reactivas, y todas aquellas que no tengan que ver con actitudes positivas y de mejora. En nuestra oficina tenemos una pegatina en un muro que dice que tenemos dos planes, el **Plan A** es terminar la tarea, y el **Plan B** es que no hay otro plan más que ejecutar el primero.

Aunque fallar no sea una opción, sabemos que nos van a resultar algunas caídas y retrasos, pero el "Plan A" es el que por definición buscamos y tratamos de trabajarlo en el día a día.

Hay un viejo cuento que, dependiendo de la manera en que lo quiera ver, puede darle un punto de vista positivo, negativo, optimista, pesimista, o darle el valor que quiera. Es una vieja historia muy repetida y curiosamente la atribuyen originaria de Inglaterra y otros la ubican proveniente de Estados Unidos, creo que ha sido contada de varias formas, así que déjeme que se la cuente tal como la escuché la primera vez: Había un fabricante europeo de calzado en el siglo XIX que buscaba expandir su producto y pensó que cruzando el mediterráneo, en las regiones del norte de África, podría ser un buen comienzo para tratar de hacerlo. Envió a su primer vendedor a explorar el negocio. A la vuelta del correo recibió una carta que le decía: "Busquemos oportunidades en Asia, aquí casi nadie usa calzado". El propietario pensó que su vendedor no había explorado lo suficiente, así que envió a un segundo vendedor y poco tiempo después recibió otra carta en donde le comunicaban: "Creo que tenemos que instalar una fábrica adicional en estas tierras, aquí hay suficiente materia prima y hay una gran cantidad de gente que anda descalza, sin duda el potencial de ventas es muy alto y tendremos éxito". A esta leyenda urbana se le han agregado segundas partes interesantes. ¿Qué hubiera hecho usted? La actitud es el primer paso. Ármese de paciencia. Sume y multiplique en su ecuación. Los resultados pueden tardar, pero van a llegar con su persistencia.

Desarrolle su imaginación

Si algo hacemos cada día, de manera natural y prácticamente desde que despertamos, es hacer representaciones mentales de lo que hicimos, haremos, deseamos, buscamos o, simplemente nos planteamos situaciones en donde estamos decidiendo cosas o replanteándonos decisiones ya tomadas. Procedente de una conjunción del latín "imaginatio", imaginación significa imagen y acción, y básicamente es la capacidad de figurarse "algo". Se sigue estudiando el cerebro y sus circuitos neuronales, sabemos que tenemos "huellas" impresas de nuestras experiencias y que están almacenadas formando todo un "disco duro" de memoria con eventos que pueden reproducirse de manera voluntaria o involuntaria. Todas esas reproducciones gráficas o nemotécnicas llegan y se instalan a través de nuestra actividad sensorial.

Imagine usted que camina o transita sobre algún pasaje donde pueda imprimir sus pasos, al ir avanzando estará dejando huellas o marcas de tal forma que al dar una vista atrás se "grabará una imagen" de ese recorrido y quedará alojada en alguna parte de su cerebro para poder recurrir a ella si así lo necesitara.

Ese acto es natural, es parte de la conservación de experiencias pasadas y son elementos que le podrán servir en un futuro para actuar de cierta manera. De forma paralela, nuestro cerebro desarrolla acciones o imágenes que no se basan solo en experiencias, sino que combina esas experiencias para darle otro rumbo y esa actividad es la llamada "parte creadora". Si nuestro cerebro se limitara a tener que trabajar con los recursos antes vividos o experimentados, no podríamos haber evolucionado como lo hemos hecho. Veámoslo así: Es prácticamente imposible que alguien hubiera inventado la máquina de vapor, si antes no se hubiera trabajado en recipientes sujetos a presión y haber tenido ciertos conocimientos de mecánica y termodinámica, es decir, que para lograr una "cosa" diferente a lo que hay, habría que relacionarla con elementos conocidos o preconcebidos. Para ponerlo de otra manera: una impresora láser a color que usamos hoy día, no hubiera sido posible si antes no se hubiera tenido una computadora. Es difícil saber aún en estos tiempos, como es que se produce la creatividad en el proceso evolutivo del hombre, y como desarrolla la capacidad de relacionar o combinar la realidad con la imaginación

Dejemos esas respuestas interesantes a los estudiosos de la materia, pero vamos rescatando la idea de "la parte creadora de nuestra actividad cerebral". Somos capaces de elaborar imágenes graficas de algo y agregarle recursos para que ese "algo" evolucione a un nivel superior que pueda dar respuesta a una necesidad, o que pueda cubrir algo que no sabíamos que nos hacía falta, o simplemente transformamos una idea en una meta que quizá no tengamos los elementos para hacerlos realidad en el plano material, pero que a nivel imaginario resulta una pieza perfecta. No sabemos si esa meta la podremos conseguir, pero ¿Quién dijo que no tenemos todo para ponerla frente a nosotros?

La imaginación no tiene limites y, no es exclusiva de nadie

Todos tenemos un potencial imaginativo, antes habíamos recurrido a los conceptos de fantasía, ingenio, creatividad y podríamos agregar varios, pero todos ellos nos definen y diferencían en alguna manera de las máquinas. La inteligencia artificial está sorprendentemente avanzada, en algunos escenarios ha podido dar destellos de "imaginación" para predecir o elegir algunas soluciones a algunas situaciones planteadas, pero aún está lejos de igualar la capacidad de la conciencia humana. La inteligencia artificial está basada en programas lógicos y su programación ha hecho posible "enseñarle a aprender" logrando casos extraordinarios, pero un nivel de auto conciencia e imaginación aún está lejos de su alcance. **Somos una maquinaria perfecta** para "imaginarnos" escenarios posibles, quizá no procesamos millones de datos en segundos, pero para imaginarse un elefante rosado en nuestra bañera, a una máquina eso: créame que de buenas a primera le costaría mucho hacerlo.

 Según la neurociencia, a pesar que nuestros hemisferios cerebrales pueden tener zonas donde desarrollamos cierta capacidad de creatividad, la parte derecha es la que puede tener más solvencia para realizarla, pero definitivamente ocupa ciertas conexiones del hemisferio contrario para agregarle recursos a esa "imaginación". Por ejemplo: si usted está sentado debajo de un árbol y empieza a llover o a caer el sol a plomo y tiene la necesidad de trasladarse, de "repente" y aunque usted nunca lo haya visto antes, puede imaginarse el uso de una sombrilla para protegerse, eso ocuparía algunos elementos lógicos para diseñar mentalmente una sombrilla, esos elementos lógicos podrían ser una estructura ligera de madera o metálica con un manto de tela o plástico según hayan sido sus experiencias vividas, y voila!!! Usted ha inventado su sombrilla. Ambos hemisferios trabajan para que las soluciones se hagan realidad al menos en el primer plano imaginario. Si usted se imaginó un alfombra-sombrilla voladora que lo siga y proteja para esos casos, le felicito, de esas imágenes se nutre el futuro.

Cuentan una historia de la vieja Dinastía Han (en cuyo lugar habían descubierto antes la manera de hacer pólvora), donde se decía que había un general del ejército que tenía

fama de ser un estratega consumado para derrotar los intentos de sublevación o de sometimiento de reinos contiguos como los mongoles. Un día, un aspirante a sucederlo, lo quiso presentar como un viejo al que había que relevar del cargo y le cuestionó, en plena asamblea, la manera de proteger el reino y lo puso a prueba de cómo actuar si era atacado -por ejemplo- de manera intempestiva por el oriente, el General contestó –"llevaría a mi primer ejército a combatirlo", el aspirante atacó de nuevo "y ¿si en plena batalla fuéramos atacados por el sur?", el general volvió a contestar: "mandaría a mi segundo ejército a enfrentarlos", el aspirante no contento, replicó, "y si nos atacan al mismo tiempo por el poniente y el norte?", el general -sin inquietarse- se levantó a tomar un poco de agua y volvió a contestar "mandaría a mi tercer y cuarto ejército a combatirlos". El aspirante se sonrió y en tono de burla se dirigió a la asamblea diciendo " ¿y de donde vamos a sacar un tercer y cuarto ejército, si solo tenemos provisionado dos equipos combatientes?" El viejo general, relajado y dando por terminada la sesión, concluyó diciendo: "voy a sacar mis ejércitos, del mismo lugar de donde usted manda los atacantes". La Dinastía Han fue una de las más poderosas y gloriosas de la historia, y la imaginación y astucia de aquel general seguramente ayudó a que lo fuera.

¿De dónde vamos a emerger nuestra imaginación? De allí de donde ahora mismo está usted imaginándose. El cerebro humano adulto, pesa en promedio entre 1,200 y 1,400 gramos. El mismo peso cerebral lo tiene un individuo que vive en algún barrio pobre de Mali, Mozambique o de una ciudad de Centro América, que otro individuo de cualquier barrio privilegiado de Londres, Silicon Valley o Zúrich. Tenemos en el ADN rastros de cazadores y supervivientes, y nada nos limita la imaginación para asombrar al resto del mundo. ¿Cómo hacerlo? Primero debes creértelo, eliminar los muros mentales que pueda haber, no te autocensures con las ideas que llegan, por más descabelladas que puedan ser, algo en ese recorrido puede tener un valor. Regálese tiempo para imaginarse haciendo cosas diferentes, **descubra sus talentos y foméntelos** en la medida que pueda desarrollarlos. Visualice como podría cambiar su vida dentro de tres, cinco, diez o veinte años y que estará haciendo en cada nivel y escalón. A que ayudas debe recurrir, que puertas debe tocar y en que metas perseverar y, algo también muy importante: que cosas que hace actualmente debe eliminar de su lista debido a que no abonan a su meta, independientemente de lo que se trate.

La imaginación es crear imágenes, es una habilidad de la mente y puede ser alimentada con hábitos, así que empiece con mejores rutinas, sea creativo. No hay límites y por lo tanto no hay reglas, salvo las que su moralidad o deseos se impongan, y aun así, esa frontera la impondría usted mismo. Cuando salte esas barreras: diviértase en ese viaje.

Otra leyenda urbana y que confirma que no se puede descartar nada a la hora de soñar, es lo que dicen le ocurrió a Neil Armstrong. Cuando pisó el suelo lunar, Neil pronunció su ya famosa frase "un pequeño paso para el hombre, pero un enorme salto para la humanidad". Todo hubiera quedado ahí, pero algunos dicen que alcanzaron a escuchar que después dijo "buena suerte señor Gorsky". Nadie entendió esto último a pesar de las preguntas al respecto. Veinticinco años después, en un discurso, Neil contó una anécdota de su niñez. El protagonista era el citado señor Gorsky (ya fallecido a esas alturas) su vecino, quien estaba pasando un mal rato en una discusión matrimonial con la señora Gorsky. Neil escuchó accidentalmente cuando su vecino le pedía sexo oral y ella le contestó: "Ni lo pienses, es más, te voy a dar el gusto, sólo cuando el hijo del vecino ponga sus pies en la luna". No sabemos en que terminó el capítulo, pero los buenos deseos se enviaron. Tampoco sabemos si Neil consideró el espacio a partir de aquella anécdota.

*"**Think different**" es el slogan de Apple y en esas dos palabras se resume inspiración e innovación". Usted, ¿Qué ve abajo en este icono?*

Establezca un modelo

Partiendo de la idea de que un "modelo" es una referencia o un prototipo de "algo", no cabe duda que establecerlo resulta ser el mejor ejercicio para representar algo esperado, ya sea de manera gráfica, conceptual, visual o figurada. "Modelar" un resultado esperado -sea un objetivo, meta, proceso, producto o lo que sea- es el mejor camino para predecir situaciones en su resolución. Si "algo" puede ser representado en la escala suficiente para advertir posibles complicaciones, le va a ayudar para validar y medir información que le hará mas simple el trayecto cuando vaya en el camino de la práctica.

Cuando hablamos de "inspiración" y establecer un modelo, nos sumergimos en varios temas que pueden ir desde lo existencial, hasta navegar en temas filosóficos y tareas de psicología llegando a corrientes más profundas en ámbitos científicos, pero todo **parte desde -y del- pensamiento**. Orientar nuestros pensamientos creativos, con actitud positiva, nos va a empujar a establecer un hábito que formara nuestro modelo de atención a la apertura de búsqueda de soluciones a los retos que nos plantea o nos planteamos en la vida.

Si el pensamiento es una particularidad del ser humano, y esa acción de "pensar" es única en cada uno de ellos, entonces debe haber varias maneras de hacerlo. **Todos pensamos diferente.** Podríamos formar un grupo y leer todos, un libro en particular, ver cierto documental o película, o inclusive, observar un cuadro en museo y cada uno de los integrantes: le va a dar una representación diferente de lo que vió o entendió. Cada uno tendrá "su" explicación de ese momento. Es decir, cada uno "crea" su propia realidad, tal como lo mencionamos antes. Esto se basa en su experiencia y sus adiciones imaginarias o razonadas. No por nada resulta que "pensamiento" viene de una raíz que se encadena a la acción de "estimar o comparar". Entonces, cuando "pensamos", de alguna forma también hacemos algunas comparaciones de lo que "vemos" en "esa" realidad, contra lo que vemos en "nuestra" realidad interna. Establecer entonces un modelo para orientar nuestro pensamiento a situaciones de inspiración, creación o innovación, resultará una tarea que va a depender en mucho de nuestra disponibilidad a establecer ese hábito, y para lograrlo, tendríamos que coordinar varias actividades que no se limitan a recordar, aprender, analizar, crear soluciones, medir, definir, reconocer, o lo que estime necesario. Establecer el modelo de pensar puede ser una receta ya escrita, o usted puede elaborar la suya de acuerdo a su propia historia personal.

De Bono, al exponer un modelo de 6 sombreros para pensar, muestra una herramienta o método para modelar situaciones diferentes de un mismo problema. Tomar decisiones es parte de una actividad cerebral y por lo tanto, tienen cabida todo lo que se pueda usted imaginar. Pueden ser emociones, experiencias, representaciones, valores, sentimientos y no acabaríamos de enumerar. Lo que hace De Bono es **simbolizar direcciones de pensamiento** apoyados -en alguna medida- en el pensamiento lateral-, dando como hecho de que resultará un camino más corto para establecer diferentes alternativas en encontrar soluciones efectivas. En cierto modo, nos instruye en la creación de escenarios de perspectivas y nos facilita herramientas para coordinar o priorizar soluciones en diferentes estados, para pasarlos desde el filtro emocional al racional.

De los 9 o 12 tipos de pensamientos que la ciencia o corrientes filosóficas nos describen, que van desde lo reflexivo y creativo, a lo analógico y practico, me voy a detener en uno de ellos: el **"pensamiento sistémico"**

Una analogía que expreso en algunas reuniones es la del reloj mecánico que trabaja con un tren de engranes. El tren de engranes tiene varios tamaños de ruedas dentadas, unas son pequeñas y otras son mayores, pero todos esos componentes están rotando en diferentes bandas y unidas en una armonía finamente ejecutada: todos trabajan en su espacio y nivel, para que unos roten en el sentido que se espera y a la velocidad que se requiere para poder realizar su medición de manera eficiente. En consecuencia: las agujas indicarán la hora correcta. Si algún componente falla en esa operación, así sea la pieza menos interesante del mecanismo: el reloj fallará!. Sin duda, el fino arte de la relojería es un ejemplo brillante de un trabajo en equipo y de un proceso finamente ensamblado.

Pensemos en términos deportivos, por ejemplo, en un equipo de futbol. Tenemos un equipo con dos o tres de los mejores jugadores del mundo en su posición y que regularmente juegan en la media y delantera, y el resto del grupo para llegar a los once, son jugadores con un nivel de juego medio a sobresaliente. En definitiva, a un equipo de buenos jugadores no se les va a ir a enseñar las reglas del juego, o a decirles como correr o patear el balón. Ellos tienen toda su vida corriendo tras un balón. El problema a veces suele ser "ese": corren tras "su" balón y en algunos momentos creen que una genialidad individual podría ser suficiente para ganar partidos. A veces les resulta bien, y es una maravilla ver a jugadores que prácticamente danzan con el balón en el pie, pero, aunque se trate de un jugador de un alto nivel competitivo, difícilmente podrían aguantar los noventa minutos tratando de hacer sus jugadas de época. El equipo es de once jugadores y se supone que todos van a trabajar desde su posición en conseguir un resultado satisfactorio, que en este caso es la victoria. Terminar con más goles a favor que el rival es la meta en cada partido. Aunque cada partido sea diferente, hay algo que permanece y que se conoce como "la estrategia" y eso incluye hacer los ajustes en los momentos adecuados. Un entrenador no llega para liderar a los dos o tres jugadores de élite que tiene, llega a liderar un equipo completo y a orientarlos en un objetivo común. En la medida que logra que todos jueguen en el esquema o en el modelo preestablecido, el triunfo se hará un hábito. Si la estrategia en algún momento es alinear a algunos jugadores en cubrir, rotar o proveer espacios y balones a uno de sus "estrellas", entonces los que deben hacerlo: lo harán. Simplemente es trabajo en equipo. En la medida de que practiquen más y más esas jugadas, con el debido respaldo físico, material y mental, llegara un momento en que estén prácticamente enfilados al éxito y entonces, las probabilidades de falla serán menores.

Un reloj de mecanismos y un equipo finamente acoplado de futbol son en cierta medida: un sistema, tal como una sinfonía en movimiento.

◆ ◆ ◆

El método científico, para resolver un problema generalmente lo divide en cinco fases: identificar la situación, suponer una solución, probarla, analizar el resultado y si todo salió bien, entonces implementar la solución., si hubo falla, regresa a la fase dos a empezar de nuevo hasta alcanzar el objetivo. Eso suena muy fácil. Para la ciencia o las matemáticas -por ejemplo- un cuadrado, es y se representa como la unión de cuatro puntos equidistantes formando siempre un ángulo recto. Aunque las matemáticas tienen su magia, esta definición de "cuadrado", tal como los hechos de la ciencia: son patrones, y aunque para suponer soluciones entramos a conceptos de "creatividad", aquí -en el método científico- hablamos llanamente de "hechos verificados". *¿Recuerda el dicho aquel de: "divide y vencerás"?* Antes habíamos comentado que una buena práctica de resolver una situación es analizarla por "partes". Es decir, dividirlo en pequeños eventos o tareas para ir encontrando soluciones que después nos ayuden a comprender el problema completo. Podría asemejarse a una línea de producción: un auto llega al cliente después que se han fabricado por separado cada una de sus partes, las cuales ahora se han ensamblado para darle un acabado y apariencia final, Pero, ¿Qué pasa cuando el problema no es muy fácil de visualizar en etapas? ¿Cómo establezco mi modelo para pensar? Hablemos de "**pensamiento sistémico**"

Empecemos por definir que "sistema" es una interacción o unión de elementos que, entre sí, forman un conjunto organizado. Cada uno o alguno de esos elementos, a su vez, podrían ser "subsistemas" y en modo operativo todos se encadenan para ser parte de "ese" conjunto. Partiendo de esa base, un pensamiento sistémico se encargaría de ver "todo" el conjunto de acciones encadenadas que funcionan en una dirección, este proceso podría compararse a un programa lógico en donde cada parte funciona en su ecosistema particular y con entradas y salidas se conectan a las demás partes que comprenden el conjunto.

Volvamos al ejercicio del ensamble de un auto: si el motor trae algún defecto, aunque en su conjunto pueda lucir como una pieza de colección, y nos ofrezca una estética con acabados finamente detallados: el auto será un producto fallido. Un coche podría tener aproximadamente 70,000 piezas ensambladas. Cuando una falla aparece, de repente estaríamos buscando el defecto en uno de esos "subsistemas". Este tipo de pensamiento puede disparar el modelo de búsqueda de soluciones que nos ayuden en esa tarea de anticipar fallas. Desarrollar este tipo de pensamiento desemboca en una habilidad para entender todas las partes de un todo y resolverlas en función de todas. A diferencia de un método científico tradicional en las fases que vimos antes, un pensamiento sistémico no va resolviendo parte por parte de manera aislada o con un orden especifico, sino que resuelve cada parte en función de las demás para ofrecer la dulce melodía de una sinfonía, todos en su lugar tocando la parte que le corresponde y que si se les aislara, no sería muy fácil identificar la pieza melódica o el producto final.

Una ventaja de este modelo es que nos ofrece "alejarnos" y hacer un zoom del problema o situación, y analizarla de manera "global" para entenderla en su conjunto y, con la ventaja de ver la manera como se equilibran sus componentes. Pensando en un nivel superior, al adquirir esta habilidad de pensamiento, usted podrá dar paso al orden del caos. **El producto final en su conjunto tiene un valor mayor que el valor de sus elementos por separado**. Esa es una premisa de este modelo de pensamiento.

Los pensamientos pueden ser voluntarios, involuntarios, ab-
stractos, analógicos, divergentes, intuitivos o con otras cualidades o ramificaciones, pero normalmente todos tienden a desarrollar ideas de entornos o de situaciones reales o imaginarias. Lo
invito a descubrir su mejor talento para aprender a pensar bajo el
método que le haga sentir más confortado con los resultados que
obtiene. No le estoy diciendo que uno es mejor que otro, o que no
debe utilizar alguno o de combinar otros. Cada individuo tiene su
propio ritmo de acuerdo a su historia personal, sus habilidades de
control emocional y sus capacidades físicas. Encuentre el suyo, y
entre más pronto detecte su modelo para pensar, cuando le llegue
la inspiración: tendrá una ventaja en su habilidad de innovar y de
cambiar su entorno.

REGLA #4 "HAVE PASSION"

"La única manera de estar satisfecho es hacer lo que tu creas es un gran trabajo, y la única manera de hacerlo es amar lo que haces. Recuerda que si estás trabajando en algo que importe, no necesitas que te empujen: la visión te impulsara"

Steve Jobs

C oncediendo que la palabra "pasión" viene del latín passio que significa sufrimiento o padecimiento, entonces la pasión está ligada de manera muy fuerte con "estados emocionales", y aunque la RAE menciona en una de sus definiciones como una "perturbación en el estado de ánimo", en otra de sus definiciones la ubica como un "apetito o vehemencia a algo". En términos filosóficos, han definido a la pasión como algo que no depende de una libre elección o la voluntad de la persona, sino que es una afección que se experimenta y de la que no se puede sustraer de manera fácil, lo que de alguna manera lo hace subordinarse a ese influjo y se transmite a su comportamiento. En el sentido religioso, no hay mejor ejemplo que el pasaje de la Pasión de Cristo para definir ese nivel de sufrimiento por una causa. Para darle un sentido a la expresión "tener pasión" nos vamos a referir al entusiasmo que hay por la búsqueda y obtención de logros en alguna actividad que mueve nuestra razón de ser y hacer. Consideremos entonces que, si podemos hacer de la "pasión" una buena práctica, por más pesado que sea el esfuerzo, no habrá carga que no pueda ser superada al lograr el resultado final.

> *Después de ocho años de haber dirigido Ford y de haberle dado treinta y dos años de su vida, fue despedido. Había estado en la cúspide y fue echado por la puerta de atrás. En 1983 editó su autobiografía -la que por cierto leí en aquellos tiempos-. Antes de cumplir 60 y con una cuenta de banco suficiente para vivir, en vez de retirarse, su pasión por el trabajo, los autos y el liderazgo con que asumía sus retos, llego a Chrysler, que en esos tiempos estaba pasando por tiempos difíciles y una bancarrota. Empezó a dirigir su segunda empresa automotriz, tuvo un salario mensual de un dólar hasta que logró la hazaña de superar la crisis y ponerla en ascenso. Se le conoce como el padre del Mustang, que había lanzado con Ford en 1964, y por sacar adelante en la década de los ochenta el proyecto del primer miniván con Chrysler. Voyager y Caravan son parte de su legado. Se retiró con una fortuna encima de los 4,000 millones de dólares. Si Steve Jobs dijo "no tiene sentido contratar gente inteligente para decirle que hacer, contratamos a gente inteligente para que nos digan que hacer", Lee Iacocca ya lo mencionaba en sus memorias: "contrate a los mejores, aunque sean mejores que usted, nada honra más que un director presente en su staff a gente brillante" ¿Puede haber más pasión en alguien que decía: no dejes de intentarlo, sube un escalón más por fatigoso que parezca y desafíese a sí mismo? Iacocca siguió trabajando incluso después de su jubilación del sector automotriz, su pasión lo llevo a impulsar nuevos proyectos, uno de ellos fue una versión del e-bike.*

La pasión está íntimamente ligada a la motivación y a la confianza, y no necesariamente -solo- dentro de un ámbito personal, sino en la correlación con nuestro entorno. Por más motivado o confiado que te encuentres, si tu equipo de trabajo no lo está, o carece de las cualidades necesarias para entrar en acción y búsqueda de metas conjuntas, el trayecto al destino final se verá complicado. Esto también resulta sensible en nuestras relaciones personales o afectivas. El desarrollo del conocimiento, los avances tecnológicos y la cultura misma son ejemplos de que el hombre los logra en la medida que se agrupa y se comparten experiencias. Este encuentro parte de la necesidad básica que tiene el hombre de tener un grado de aceptación o de pertenencia en su entorno interpersonal. **El lenguaje y su comunicación** es el puente que lo puede llevar a otros niveles y su compromiso es el combustible.

 ¿Por qué no hacemos las cosas que debemos hacer o por qué las dejamos a medias? En algunas culturas, la procrastinación es una característica típica en su entorno. Dejamos las cosas "para después" o nos evadimos de alguna responsabilidad. Estudiamos hasta que llega la noche anterior al examen, postergamos las tareas importantes, es apenas agosto y nos proponemos iniciar dieta y gimnasio hasta enero, y es típico decir: "lo hare después, ahorita no hace falta, ya nos ocuparemos de eso, al cabo que no me hace daño, de descansar nadie se muere, ya cuando haya urgencia y sea necesario se hace, para que limpio si se va a ensuciar de nuevo", y la lista puede seguir. Esto no es nuevo, tampoco el aplazar situaciones y caer en la procrastinación puede ser una enfermedad incurable si no nos ocupamos de ella. En la medida como lo veamos como un síntoma que podamos tratar nos vamos a ir alejando de esas "prácticas imprácticas" y esa patología puede irse con disciplina y con un mejor manejo de las emociones. Algunos investigadores -de hecho- defienden la tesis de que es un tema de **gestión emocional**, más que de cuestión de tiempos o de productividad. ¿Cómo vencer esta barrera? ¿Se trata de stress, ansiedad, falta de confianza, pereza, miedo al fracaso, falta de carácter o de personalidad para tomar decisiones, exceso de confianza, ego? Un proverbio chino nos dice que llegar al final de un camino largo se empieza con dar el primer paso, entonces, para dejar de postergar las cosas es cuestión de empezar por "**hacer las cosas**". Dar el primer paso a lo mejor no te lleva a donde quieres ir, pero te va a mover de donde estabas, el segundo paso ya sigue como un asunto de compromiso. Así sean pequeños avances, tenemos que empezar por algo. Disciplina, actitud positiva, fijarse tareas y cumplirlas así sean no perfectas, limitar tiempos, asignar recursos, organizar el día, recompensarte en las buenas y divertirte en el viaje. Identifique sus síntomas y de su primer paso **trabajando en lo "posible"**

Sea cual sea su historia personal, le dejo tres reflexiones para "tener pasión" en lo que hace, e independientemente de que pueda haber cien estrategias adicionales, le invito a que empiece por una, cualquiera le puede ayudar si esta bien orientada.

1. Una vida con sentido
2. Alinee su visión a sus capacidades
3. Asuma los riesgos

Una vida con sentido

En la mitología griega, cuentan de Sísifo, un rey astuto que se enemistó de Zeus. Esta enemistad hizo que el dios supremo ordenara su muerte y la envió a buscarlo, pero Sísifo, astuto como era: la engañó. Los dioses lograron después su cometido al aprehenderlo y fue enviado al inframundo imponiéndole un castigo que consistía en empujar una enorme roca por la ladera de una montaña y, justo antes de llegar a la cima, hacían caer la roca en picada para que Sísifo fuera de nuevo cuesta abajo por ella y repetir la tarea de manera interminable una y otra vez.

Este cuento nos puede llevar a una reflexión: la vida absurda de un hombre. No sabemos si al final del día los pensamientos de Sísifo acerca de esa tarea reiterada le producían placer o no, pero seguramente después de tres veces creo que debió padecer arrepentimiento por el círculo de castigo sin fin. Podemos hacer simulación también de esta metáfora con la vida diaria de una persona que sigue haciendo lo mismo de su vida, sin llegar a nada y solamente dejar "pasar el tiempo" en una tarea que no produce un avance mínimo y como apuntaba Albert Camus: "un trabajo inútil y sin esperanza, es un castigo terrible". Para aclararlo de una vez: **una vida absurda es una vida sin sentido.**

Tenemos que dar con el sentido de nuestra vida. Pero, **¿Qué le da valor a nuestra existencia?** Todos podemos disentir o coincidir con las respuestas que nos pudiéramos encontrar. Hay quienes le dan sentido a su vida sumergiéndose en temas espirituales y en la búsqueda de un ser superior, otros buscan respuestas en los misterios, en la santidad, en el misticismo o el oscurantismo, y otros esperan tener respuestas en la ciencia, en lo racional, en lo que pueden percibir, en lo material, en las relaciones afectivas, en la soledad y en fin, en todo aquello que le produce algún equilibrio - o desequilibrio- emocional.

Para darle sentido a la vida, aclaremos que se trata de un tema de **aceptación personal**. Habitamos un cuerpo que podemos moldear de manera física según nuestras posibilidades o capacidades físicas y de salud. Somos únicos y diferentes de otros. Si nuestro ADN está habilitado para que nuestro crecimiento físico llegue solo a medir 1.62 metros de altura, difícilmente llegaremos a medir 1.95, tendremos un tono de piel y unos rasgos que ya vienen de alguna manera etiquetados, siendo pocos los cambios que de manera natural nos puedan suceder. Nuestra genética es arriba del 98% cercana a un chimpancé y separados poco más del 50% de una mosca. No tenemos el cerebro más grande del mundo animal, pero si el que tiene mayor nivel de comprensión. Hay cosas que en definitiva no podemos cambiar. Si tenemos -por ejemplo- alguna discapacidad física o nos falta un dedo o carecemos de algún sentido sensorial, podemos hacer o sumar cosas diferentes para suplir esa necesidad, pero no podemos cambiar ese hecho. El instinto natural que nos distingue es el de la supervivencia y la preservación. Hay varias teorías, pero en su forma básica son esas dos. De esos instintos se nutren nuestros primeros pasos y entre otras cosas, se empieza a forjar el carácter y la personalidad.

Afortunadamente **hay varias cosas que en definitiva "sí podemos cambiar y modelar"**. Pensando de manera positiva, en nuestro recorrido por la vida, participamos de acciones aprendidas que no nos hacen bien, pero que podemos desaprender en la medida que nos percatamos que podría beneficiarnos un cambio. De igual manera, podemos sumar habilidades sustitutas a aquellas que no aportan sino al absurdo. La resistencia al cambio puede ser muy fuerte o arraigada en valores, pero la buena noticia es que todo es moldeable. Si no hay lesiones cerebrales adversas, podemos enseñar a nuestro cerebro a realizar nuevas conexiones neuronales para alimentar esos cambios benéficos. Pero, volvamos al principio: ¿Qué cambios? En definitiva, deben ser los que le pueden dar un sentido a nuestra vida. Sin duda las preguntas más sencillas, son las más importantes para alinear el rumbo y esta es una de ellas. Sin la intención de irnos a profundidades en estos temas o tratar de desentrañar las complicaciones que lleva a responder esta pregunta -amén de que hay bastante literatura al respecto-, vayamos resumiéndolo en algo muy simple y que no se trata de definir si nuestra vida es justa o injusta, o de lamentarse por no merecer las situaciones que se nos presentan, o lo que es peor: culpar a la suerte y a la casualidad de lo que acontece en nuestro día a día: vivir con uno mismo y tener un propósito es lo que le da sentido a la vida.

¿Cuál es el propósito? Podríamos no coincidir, pero un propósito debe ser continuo y no terminar en un punto porque se tiene el riesgo de estancarse en cierto punto de la existencia o en algún nivel de competencia. Stephen Covey lo simplifica en dos de sus siete hábitos, cuando habla de **establecer un fin en la mente e implementar la mejora continua.** Cuando se llega a un escalón, no deje de pensar que pudiera haber en el siguiente. Cada uno debe plantearse su propósito o los propósitos que quiere sumar a su vida. Las preguntas del ¿Por qué? y ¿Para qué? ayudan a definir cuál es el estado de satisfacción que busca y van a marcar el impulso y la motivación para poner los límites de tiempo en cada paso que viene.

Es un hecho hoy en día, que poco más del 80% de la gente que trabaja no disfruta lo que hace. Unos pensamientos comunes que llegan, son "al trabajo se va a trabajar y no ha de ser tan bueno si te pagan por ello", "estoy allí porque no tengo opción", "La felicidad la vamos a encontrar en nuestra vida personal, en casa, en nuestros amigos, en nuestros hobbies y no en el trabajo".

Estos **lastres mentales nos desvían del camino**. Si esos pensamientos le llegan, quizá sea el momento de preguntarse ¿Por qué hago lo que hago? Mas aún, ¿Qué debería hacer en vez de estar haciendo esto? No se preocupe si llegan estas preguntas, preocúpese si no hace nada al respecto y sigue siendo parte de la estadística. Recuerde el cuento de Alicia y busque su brújula para orientarse en el camino. Escriba su propia receta o su propio plan. Conforme vaya descubriendo su escala de propósitos, tendrá claro los huecos que tiene que llenar, los talentos que debe reforzar, las cargas que debe dejar, los círculos de los que debe prescindir y a los sitios que tiene que llegar, la felicidad le llegará por asociación.

◆ ◆ ◆

¿Quién dijo que no se puede? George Bannister, estudiante de Oxford, era un atleta que hacía carreras de medio fondo. Se le consideraba el mejor en su categoría y en los juegos olímpicos de Helsinki en 1952 ni siquiera pudo subir al podio de ganadores. Estuvo a punto de retirarse, pero se empeñó en ser el primer corredor en lograr llegar a la meta por debajo de los cuatro minutos corriendo una milla. Nadie lo había logrado antes. Decían que era imposible. Nunca antes alguien había podido correr tan rápido. La marca establecida era de 4:01. Médicos, entrenadores y medios decían que sería en vano el esfuerzo y que podría poner en peligro su vida si estresaba su cuerpo de esa manera. Los avisos que recibía eran: "el cuerpo humano puede colapsar si se le somete a tal presión". Mayo de 1954, dos años

después de no obtener medalla en los JO, y con las condiciones climáticas adversas, llegó a la meta cronometrando 3:59:04. Exhausto y en el piso escuchó el resultado donde se agenciaba el récord mundial. Decían que no se podía y con la disciplina, esfuerzo y motivación lo logró. Cuando tiró abajo esa barrera mental de los cuatro minutos, varios corredores lograron bajar también esa marca que hoy es de 3:43:13. Lo único que falta para alcanzar una meta, es vencer la barrera mental que lo impide. Cuando alguien lo logra la primera vez, ya vendrán otros para igualarlo, y quizá hacerlo mejor.

Alinee su visión a sus capacidades

Partiendo de la base de que una capacidad es la aptitud que tiene una persona para desarrollar ciertas tareas, vamos a ligar ese concepto a las capacidades básicas que puede tener o desarrollar el ser humano. De manera general y sin limitarse a las siguientes, podemos listar algunas como: capacidades físicas, psicológicas, sociales, de inteligencia, de manejo de emociones, creativas, reflexivas, analógicas, e inclusive artísticas -que evidentemente también tienen que ver con creación-.

La teoría de Darwin tiene poco más de 160 años publicada en su libro "el origen de las especies", y entre otras cosas, asentaba que la supervivencia de una especie no se debía tanto a su tamaño o fuerza física, sino a su **nivel de adaptabilidad**. Entre más se puede adaptar a un cambio, más va a perdurar y avanzar. El ADN que nos separa del chimpancé es en promedio un 2%, es decir, somos genéticamente muy similares en un 98%. Pensemos en esto: sí de manera hipotética dejamos en una isla a tres infantes de kínder y ponemos a tres chimpancés de edad similar en la misma isla -o en otra-, lo más probable es que los chimpancés la pasarán con menos problemas que los infantes. ¿Qué no somos más desarrollados? Definitivamente que sí, pero nuestro desarrollo tiene que ver con un crecimiento -más colectivo que individual- en un entorno donde podamos adquirir o desarrollar un aprendizaje orientado. Al adquirir un aprendizaje ya sea formal o informal se entra en un proceso de agregar gradualmente competencias, las cuales en un inicio serán básicas y genéricas y ofrecerán en su resultado algunas destrezas o habilidades para insertarse en el grupo al que se pertenece, permitiendo a su vez un desarrollo de manera individual. En el progreso siguiente y de acuerdo a las aptitudes con que se cuente, se van adquiriendo competencias específicas. Estas competencias -específicas- son las que marcan una diferencia en el desarrollo vocacional o profesional de una persona y moldean y aceleran el camino para guiarse en el camino a la meta propuesta. Estas capacidades o habilidades específicas, tienen que ver con conocimientos, solución de problemas, tomas de decisiones, y en general todo lo que requiere añadir para desempeñar una disciplina o disciplinas concretas.

Para desarrollar una competencia especifica -si no hay alguna alteración física o emocional- no se ocupa sino el compromiso de adquirirla, practicando, sacrificándose, fallando, regresando, estudiando e involucrándose para alcanzar la aptitud buscada. **¿en que desea mejorar?** ¿Cuál es el expertise que busca? Cuando se llega al punto de solvencia en alguna competencia específica, se llega entonces a un punto de madurez para desarrollar la tarea. Usted se encuentra listo.

Cuando tenga el propósito o esa meta que busca lograr, entonces habrá establecido una visión. La visión es la expectativa realista de lo que se quiere alcanzar. **Realista** porque no solo debe ser superior o ambiciosa en términos de superación, sino porque debe haber posibilidades de lograrla. Cuando tenga planteado los escalones  que va a ir subiendo, ajuste su visión y revise sus capacidades para medir que podría faltarle en el camino. Ajuste su cronómetro y ríndase a sí mismo las cuentas. En la medida que su trabajo lo deje satisfecho, en esa medida podrá ir valorando sus avances.

Si habláramos en temas de gestión empresarial, Usted está iniciando o implementando un **"plan de negocios" a su vida personal"**. Un buen plan cuenta con una estrategia que está alineada a un propósito y para ello, hay ciertos valores en los que va a fundamentar su trabajo. Si ese plan lo necesita ampliar en su entorno afectivo o a un cierto equipo de trabajo entonces revise la manera de hacer sinergia y alinear todo el acompañamiento en la búsqueda de resultados. La responsabilidad y compromiso se fortalece cuando los beneficios se comparten. Si en ese viaje le toca ser líder o ser dirigido, recuerde que hasta la tarea más insignificante puede dar al traste con un resultado. Asuma su rol en la tarea que le toca realizar. Ken Blanchard lo apuntaba de manera significativa: **"ningún integrante de un equipo es tan listo como la suma de todos ellos"**

¿Qué tan lejos pongo la meta? Le dejo un ejemplo que le puede ayudar: recuerde que innovar no es lo mismo que mejorar algo que ya existe. Aunque claro, hay innovaciones en mejoras. El automóvil ya existía, ahora los están haciendo diferentes y adaptables para sectores, usos y necesidades. Cuando Google apareció, ya existían buscadores o navegadores, pero hizo algunas mejoras en su programación de búsqueda y desplazó a todos a un lejano segundo lugar. El celular ya existía, Apple solo lo hizo diferente. Los viajes espaciales empezaron en la década de los sesenta y eran proyectos gubernamentales, ahora SpaceX los hace de manera comercial y proyectando turismo en ellos. Cada quien buscó un cambio, revisó las herramientas disponibles y empezó a trabajar en el ascenso, quizá fabricando nuevas herramientas o inventando las que hacían falta. **La pasión es determinante**, pero perseverar y resistir es lo que hará posible el cambio.

❖ ❖ ❖

Rubinstein es reconocido como uno de los más grandes pianista del mundo. Sus

ejecuciones e interpretaciones de la música de Chopin eran célebres. Un día de academia se le acercó un joven aprendiz de música confesándose como un apasionado del piano, después de los saludos iniciales, le preguntó cuál era el secreto para ejecutar de esa manera, ya que tenía la intención de seguir sus pasos. El maestro sin inmutarse contestó: "si realmente desea eso, lo único que tiene que hacer, es practicar ocho horas diarias durante los próximos treinta años de su vida". No supimos mas del alumno ni de su pasión.

Asuma los riesgos

Quiéralo o no, los riesgos existen. En los últimos años he estado en la industria de salvar vidas, y un trabajo cotidiano es evaluar riesgos para proponer el mejor diseño que pueda proteger vidas humanas, edificaciones y contenidos. Viéndolo de otro ángulo, de alguna manera colaboro -con un gran equipo de trabajo- para proveer seguridad. Riesgo y seguridad van de la mano, y en la medida que se miden los riesgos, se pueden adoptar algunas medidas que ofrezcan mayor seguridad. ¿Qué es un riesgo? Ni más ni menos que la probabilidad de que una condición de amenaza se convierta en un desastre o en una tragedia. A diferencia de un peligro, que lo vamos a definir como un elemento o situación que puede causar un incidente no deseado, el riesgo habla de la probabilidad que eso suceda ya sea en dimensión o en frecuencia. Dicho de otra manera y esperando explicarlo mejor: "los peligros se identifican y los riesgos se evalúan". Llega usted al café de la esquina y el piso esta mojado por alguna circunstancia, allí tenemos un peligro debido a una condición insegura (un piso resbaloso), el riesgo aparece si alguien pudiera resbalar y sufrir un accidente.

Sentir seguridad es un tema que ha preocupado desde siempre y es normal dado que tendemos al instinto de supervivencia. No podemos evitarlo. En la antigüedad varios se dieron cuenta de ello y así nacieron las compañías de seguros. Hay registros de que los primeros seguros tuvieron que ver con el comercio de mercancías, en aquellos tiempos -antes de la era cristiana-, las caravanas eran presa de piratería y robos, entonces los mercaderes aseguraban la mercancía que se transportaba en ellas, si alguna contingencia de pérdida se presentaba, se cubría el pago parcial o total según haya sido el acuerdo. En la Babilonia antigua, había una costumbre de recaudar algunos impuestos para formar un fondo comunitario que pudiera necesitarse en caso de algún desastre natural, o de algún incendio o hambruna. Desde esos tiempos al día de hoy, los seguros se han extendido y han evolucionado en prácticamente todas las situaciones que pueda usted imaginar y la manera de emitir alguna de esas pólizas de seguros es basándose en el análisis de riesgo.

El riesgo lo puede ver desde la perspectiva de la amenaza, la incertidumbre o la oportunidad. Usted puede tener una buena idea de hacer algo, pero quizá no la lleva a la práctica porque no se quiere involucrar en un riesgo de pérdida. **Elegir no tomar riesgos también es una situación que lo pone en desventaja** contra aquellos que si toman o aceptan el reto de enfrentar un cambio.

"Tener pasión" no basta para lograr un objetivo o ir detrás de un propósito, hay que tomar decisiones y las decisiones implican involucrarse en tareas que están íntimamente ligadas a resultados ya sea favorables o no deseados. En la medida de que este proceso se practica, llega la experiencia y con ello se fortalecen las capacidades emocionales de soportar algún fracaso intermedio antes de llegar a la meta. Los beneficios de asumir riesgos, cuando se miden, son mayores que los aspectos negativos que puedan surgir. Usualmente hay tres escenarios: el mejor, el peor y el más probable. Necesitamos previamente hacer una medición lógica de los resultados para tomar un camino u otro. No se trata de tomar más riesgos para obtener más beneficios o de encasillarse en el extremo de "si no arriesgo: no gano". La medición del costo-beneficio es un parámetro importante para asignarle recursos o esfuerzos a una tarea y esto se practica en todos los órdenes, ya sea invertir más horas de trabajo en un proyecto para poder desarrollar otros antes de tiempo, o de asignar un par de horas de estudios a una nueva habilidad o conocimiento por adquirir, aunque eso signifique de manera parcial menos tiempo para un entretenimiento. Evolutivamente tomamos menos riesgos conforme vamos creciendo, en la juventud somos propensos a tomar

más riegos y tiene que ver también un poco con la inexperiencia para medirlos y también por la recompensa que supone poder lograr algo a pesar de esa limitante que pueda suponer la edad.

Cuando tenemos un espacio físico o ambiental que nos agrada - o no nos desagrada- y en el que no tenemos mayores riesgos de seguir haciendo lo mismo, voluntaria o involuntariamente estamos viviendo en una zona de confort. De repente no hay imprevistos, no hay situaciones grandes de emergencia, seguimos laborando ocho o diez horas en días hábiles, volvemos a casa y pagamos nuestros recibos, no agregamos mayores exigencias a nuestro mobiliario, asistimos a eventos de entretenimiento programado o incluso nos tomamos una semana de vacaciones fuera. Nuestra familia vive como el promedio, vivimos el día tratando de ahorrar un poco para el futuro o alimentamos una pensión. No está mal si eso lo hace sentir bien. Posiblemente no le llegue ningún sentimiento de estancamiento, tampoco puede que llegue un cansancio por rutinas. Simplemente hay un sentimiento de seguridad con el ritmo que llevamos. **¿Por qué salirnos de la zona de confort?**

No hacer nada es una elección, no llegarán cosas distintas si las entradas no varían. Mientras pintaba la Capilla Sixtina, Miguel Ángel se reconocía diciendo: "Peligro no es que la meta sea tan alta que no se pueda alcanzar, sino tan baja que la alcance y me quede abajo. Señor: permíteme que pueda desear más de lo que pueda lograr".

Asumir el riesgo es emprender cosas diferentes. Eso tiene una relación directa con el crecimiento emocional para aumentar la creatividad, auto confianza, resiliencia, seguridad, mejorar las relaciones personales y potenciar su experiencia. No se preocupe si hay fallos, ocúpese en anticiparlos y darles un sesgo a favor. Quizá lo peor que puede pasar -en algunos casos- es que motive a otros a dar el siguiente paso cuando lo vean tomar ciertos riesgos o emprender nuevos proyectos, o posiblemente en ese camino de emprendimiento, pueda encontrar en usted algún talento que lo haga moverse a otro nivel.

◆ ◆ ◆

¿Cuál es el momento de empezar a tomar riesgos? Puede ser hoy, o mañana, o cuando la necesidad le haga decidirse en plantear una mejora en su vida. Por supuesto que estamos hablando de algún cambio -siendo realista- en el propósito. Eso posiblemente lo lleve a escenarios de dejar de recibir un sueldo fijo o de percibir menos honorarios por algún tiempo, sacrificar algunas actividades o alejarse de algún entorno afectivo, pero si el costo-beneficio vale la pena: usted está listo, así que **actitud positiva y diviértase en el camino**.

REGLA #5 "TAKE ACTION"

> *"Hay tres tipos de personas: las que hacen que las cosas pasen, las que miran las cosas que pasan y las que preguntan que paso"*
>
> *N.M. Butler*

Pueden agregarse algunos otros tipos, como los que ni siquiera se preguntaron qué pasó, los que se retiraron antes de que pasaran las cosas y podríamos seguir haciendo otras hipótesis del porque las cosas no suceden. Dejemos a un lado las cuestiones espirituales y los "tiempos de Dios" y centremos la atención en revisar porque las cosas no pasan, o porque pasan como no esperamos que pasen y, aprender de esos fallos con la intención de enfilarnos a provocar que pasen como se esperan. Estamos hablando de provocar movimiento o de romper una inercia. Si una situación se presenta y el efecto -recurrente o no- que provoca no nos lleva a mejorar, entonces hay que romper esa inercia y empezar a hacer ajustes. Es decir, si una situación no avanza, o avanza como no debería hacerlo, hay que provocar un quiebre en su estado, cualquiera que este sea.

Estamos de acuerdo que, en aquello que ponemos atención es en lo que nos ocupamos, y dependiendo de ese interés es la medida en que nos concentramos realmente. La cuestión es que a veces no nos damos cuenta de que no prestamos atención a las cosas que deberíamos atender y caemos en lapsos de distracción, a tal punto que dejamos de percibirlas por estar inmersos en esa banda de confort.

¿Cómo saber cuándo estamos distraídos? En el preciso momento en que nos damos cuenta de que ha pasado el tiempo y no obtenemos los resultados esperados, en ese momento es cuando empezamos a notar el aletargamiento. Escribía Silvio: "es extraño, pero alguna gente ve cosas donde no las hay, o lo que es peor: no ve las que ciertamente existen". Aunque a veces se trata de temas neurológicos que hacen que una misma cosa algunas personas la vean diferente, o que un mismo objeto algunos lo vean "más grande o más pequeño": en el fondo se trata de **"percepción de realidad"** y de un estado en que involuntariamente -o deliberadamente- obtenemos una recompensa secundaria de seguridad que no nos permite movernos hacia adelante. Es decir, no gestionamos los miedos. Estamos en un ambiente a veces tan ciclado que no caemos en cuenta de que la inercia nos está llevando y dejamos de ser los que llevamos el timón de nuestra vida.

Hacer un quiebre en el estado que guarda alguna situación dinámica, llámela problema, proceso, actividad o cualquier tarea que se realice, o bien, para que cualquier situación estática empiece a movilizarse, requiere aplicar un esfuerzo o de invertir energía ya sea para parar o desviar una situación que ocurre, o para impulsar una que debe ocurrir. En ambos casos estamos hablando de tomar acción. Viviendo un presente, podemos avizorar un futuro, el cual, en el mejor de los casos puede ser posible, probable o preferible. Einstein lo dijo en su tiempo y algo mencionaba de esa inercia: **"no pretendas obtener cosas distintas, si sigues haciendo lo mismo"**. Sabemos que todos planeamos o al menos visualizamos una realidad diferente a la que vivimos. Estamos constantemente planeando o pensando lo que esperaríamos que sucediera el día de mañana, o la forma de solucionar un problema que tenemos. Puede ser que pensemos con anticipación una tarea por ejecutar, o simplemente que vamos a tener de merienda el fin de semana o que ruta tomar en el próximo viaje de negocio. Cualquiera que sea este futuro cercano -o lejano- y donde nos veamos asumiendo algún rol, a veces las cosas no suceden, de hecho, usualmente no suceden como las pensamos porque no llegamos al paso especifico de planearlas con una **sucesión SMART** (con referencia en el acrónimo inglés que siginifica: específica, medible, alcanzable, realista y temporal) de eventos. No podemos basar nuestros pronósticos en esperanzas, la realidad la tenemos que mover al futuro y hacer nuestro plan de ataque.

¿Cuál será la causa de una aparente evasión de la realidad? Anteriormente habíamos hablado de procrastinación. Ejemplos de evasión pueden listarse varios y el común denominador es evitarse conflictos, peligros y sobre todo: asumir la responsabilidad. Así, algunos evaden planes, estudios, consejos, conversaciones, decisiones, se pospone lo importante, y por no hablar de otras evasiones que pueden traer problemas graves, como evadir algún tratamiento médico o quizá evadir responsabilidad en declaraciones patrimoniales. Cuando tenemos alguna situación que nos pone en riesgo alguna estabilidad material o emocional, nos sentimos vulnerables y preferimos seguir en la inercia de continuar y esperar hasta que un milagro lo resuelva, o que alguien llegue a arreglarlo por nosotros.

Necesitamos hacer más gestión del riesgo y menos gestión del miedo, y anteponer la valentía de una toma de decisiones a un estancamiento que no nos permite tener beneficios que debemos estar recibiendo. Cuestionar el statuo quo y la inercia es el primer paso para inclinar la balanza a favor. Lo invito a revisar estos tres temas siguientes para empezar a tomar acción.

1. Plantéese opciones
2. Empieza a moverte
3. No te detengas

Plantéese opciones

Opción viene de la raíz latina *optio* que significa libertad de escoger. RAE la define como la facultad de elegir cada una de las cosas por las que se puede optar. En el momento de advertir que se requiere un cambio, es el momento de implementar el plan de acción o el modelo de trabajo donde se planifican las tareas por ejecutar que lo llevaran a resolver la situación en que se encuentra. Si al identificar o resolver una situación -o un problema- cae en cuenta de que no tiene solución, no se preocupe, entonces no es un problema, es una situación que por definición existe y hágase lo que se quiera hacer, no la puede cambiar. Es decir, es una realidad que hay que aceptar. Un problema entonces, es una situación planteada que tiene al menos una solución. Cuando se da el caso de que solo tiene una solución y se evalúa para cuantificar el costo-beneficio, ya se resolvió buena parte del problema, le tocara decidir ahora si vale la pena un cambio o permanece igual en lo que encuentra o puede añadirse alguna solución extra. No hay néctar más delicioso en la resolución de problemas, que cuando pueden plantearse de dos a tres soluciones posibles.

Deje usted de lado el pesimismo de encontrar solo soluciones negativas como "la mala y la peor". Encontrar soluciones desfavorables usualmente, son señales de auto desconfianza, centrarse en debilidades, preferir seguir en esa zona de confort o, como le hemos venido repitiendo: no se opta por gestionar el riesgo o el miedo. Cuantas veces hemos escuchado decir a alguien "sabía la respuesta, pero no me atreví a externarla" "debí presentar la candidatura a ese puesto mejor, tengo más merecimientos que los que se anotaron" "tuve miedo de fallar" Ejemplos hay muchos.

Nasrudín es un personaje ligado a la tradición sufí en donde se le atribuyen historias y anécdotas que han servido para ilustrar o dar enseñanzas de situaciones, se le conoce como el "Mulá" o el maestro y era conocido por su sabiduría. Se le atribuyen alrededor de 400 historias, le presento una de ellas titulada: "Solo se ocupa miedo" donde un monarca cruel e ignorante que había oído de los poderes que poseía -Nasrudín-, le dijo: -Si no pruebas que eres un místico, te mandaré colgar. Rápidamente, el maestro Nasrudín contestó: -Veo cosas extrañas: un ave dorada en el cielo y demonios bajo la tierra. -¿Cómo puedes ver a través de objetos sólidos y ver a tanta distancia en el cielo? Cuestionó el monarca, -Todo lo que se necesita es miedo- replicó el Mulá.

El miedo al cambio es algo natural, o la angustia que se experimenta por alguna incertidumbre que casi siempre aparece cuando no estamos seguros de alguna situación. En caso de que aparezca hay que enfrentarla. Recuerde que sentir miedo es una emoción básica y está ligada al instinto de supervivencia. En la medida que reconocemos la situación, tomamos control y entonces entramos en la fase de medición del riesgo. Dejemos atrás complejos como el de Jonás y los miedos que pueda haber. Empecemos a hacer nuestro plan de acción. Mencionábamos que cuando solo hay una solución no había otro camino que, decidir tomarlo o esperar mejores tiempos para transitarlo. El mejor escenario se da cuando podemos ligar al menos tres soluciones. Los expertos en desarrollo personal y toma de decisiones comentan -después de estudios neurocientíficos- que contar con cuatro o más soluciones de un problema nos dificulta la toma de decisiones y sobreviene un efecto similar al que se experimenta en situaciones de miedo: **"la parálisis de acción"**.

S eguramente ha tenido la ocasión de querer comprar un artículo y en la estantería de la tienda se le presentan cuatro o
seis opciones similares. De repente, el proceso de elección
es más tardado y puede suceder que al pagar el artículo, se queda
con la sensación de que pudo no haber hecho la mejor elección.
Algo similar sucede cuando revisa el menú de un restaurante y ve
la fotografía de veinte platillos, hace su solicitud y antes de que
llegue el platillo a su mesa, ve desfilar frente a sus ojos, dos o tres
platos que aparentan estar deliciosos, de tal suerte que cuando
llega el suyo a la mesa lo envuelve el pensamiento "mi plato sin
duda se ve bien, pero el que pasó hace un momento estaba partiendo plaza". Todo esto es natural y todos lo hemos vivido. Afortunadamente en problemas más específicos y trascendentales las
opciones de solución a un problema no suelen ser tantas. Lo importante al final es precisamente eso: tener opciones. Primero
emplearse en la búsqueda de identificarlas y llegado el momento,
lo que sigue es cuantificarlas, asignarle tareas, recursos, tiempos,
parámetros y decidirse por una de ellas, y en caso necesario de
un fracaso intermedio, tener la opción de recuperar el paso y
continuar hasta llegar a la meta. En la medida que esta práctica de
búsqueda de opciones y toma de decisiones a nivel individual o
grupal se le presente, y tenga la perseverancia de seguirlas: usted
estará forjando su camino al éxito. Los problemas no se resuelven
solos. Problema está definida por sus raíces que significan "delante" y "enfrentamiento", así que enfrentarlos o afrontarlos significa empezar a moverse.

*Hacerle frente a un problema es entrar en una fase inter-
esante: negociar. Una buena negociación implica que las*

partes que confluyen en la situacion de cambio: ganen su parte. En la toma de decisiones, que es el paso anterior a enfrentar el problema, empieza el punto de la negociación. Plantear opciones significa negociar la mejor elección de una de ellas. Así como tomamos decisiones todos días, igual estamos negociado en cada evento. Aprender a negociar es parte del camino.

Empiece a moverse

Hay una frase que se atribuye a un recordado líder sindical mexicano y también es conocida gracias al uso que le dió en su tiempo un político español, *"no te muevas porque no sales en la foto"* refiriéndose en ambos casos a que mejor te esperes a que "otros" o los de "arriba" decidan primero, para que después empieces a tomar acción en consecuencia del camino que te dejan. Asumiendo que usted no es de las personas que sufren de kinesiofobia, y que hay predisposición a la acción de moverse, recordemos la enseñanza japonesa del Kaizen – de Kai cambio y Zen beneficioso- que nos orienta a **buscar la mejora constante fundamentados en práctica y perseverancia**.

Entre varios de los principios Kaizen, la gestión del miedo y del riesgo surge para empezar a hacer ajustes en eventos que puedan ser sumados en el logro de la meta final y con la calidad esperada. Cuanto más se practica, se adquiere el hábito y la disciplina de orientar las tareas a resultados benéficos. Se estima que uno de cada cuatro personas en el mundo, no realiza cambios por no saber gestionar los miedos. La leve seguridad de su zona de confort, el miedo al fracaso o a no obtener una recompensa es el ancla que no lo deja moverse. En los países de desarrollo medio a bajo, la cifra es de uno de cada tres y en los países más desfavorables increíblemente uno de cada dos personas no lo hace a pesar de su situación de necesidad.

La **paradoja de Schopenhauer** enuncia que "el cambio es lo único inmutable" y parafraseando a Benedetti, podemos agregar que "cuando encontramos todas las *soluciones*, entonces nos cambiaron todos los *problemas*". Tener "parálisis a la acción" no es algo nuevo. Déjeme recordarle algo: nuestro planeta tierra gira sobre su propio eje a una velocidad cercana a los 1,700 km por hora registrada en su ecuador, y el movimiento de traslación alrededor del sol tiene una velocidad de casi 30 km por segundo. Eso sin contar que el sol también tiene un movimiento en la galaxia que se estima en poco mas de 200 km por segundo. **¿Qué le dice eso?** Definitivamente siempre nos estamos moviendo. No nos damos cuenta debido a que, en nuestra referencia cerebral, ese movimiento no lo grabamos o percibimos como una situación de "peligro de supervivencia" además del efecto de la gravedad y de que son movimientos relativamente constantes. Mientras no haya algo que rompa ese equilibrio: no lo vamos a notar. Hemos llegado ahora al punto de hablar de "fuerza" y de emigrar de nuestra zona de confort.

La Segunda Ley de Newton conocida también como la ley fundamental de la dinámica, nos recuerda que cuando una fuerza actúa sobre un cuerpo, provoca una alteración de su cantidad de movimiento con respecto al tiempo. Si no existiera la fricción o el rozamiento y un cuerpo se encuentra moviéndose, idealmente seguiría  moviéndose hasta que una fuerza lo frene o lo empuje más para alterar su condición. En caso de que el cuerpo se encuentre en reposo, basta -idealmente- aplicar una fuerza externa para moverlo. La fórmula que lo explica es **F=ma**, donde "F" es la fuerza, "m" equivale a la masa del cuerpo y "a" es la aceleración.

Así pasa en la vida diaria: necesitamos aplicar un esfuerzo para alterar una situación. Las personas, un equipo de trabajo o cualquier grupo que usted pueda definir vendrían a ser "m". En tanto más esfuerzo "F" aplique a moverse, producirá más aceleración "a", de tal suerte que más pronto "m" va a llegar a su destino.

Es algo natural. Un esfuerzo aplicado en el punto preciso, con la fuerza necesaria y en la dirección adecuada, es el vector que nos pondrá en camino a donde queremos llevar una situación. Ese punto es la meta deseada. Es física pura. Romper un bloqueo no es fácil, pero **todo empieza con un primer paso**.

¿Alguna vez se le ha bloqueado un ordenador o un celular? La primera reacción al encontrarse con ese problema es tratar de hacer un reset del dispositivo. Tratamos de reiniciarlo mediante un apagado-encendido y como usualmente sucede, si no hay algún malware o virus que este frenando la operación, todo se reduce a un reinicio. En nuestro cerebro pasa algo parecido. Todo el día estamos recibiendo información, de repente: el cansancio, el stress, las obligaciones, la falta de recursos, o simplemente el tratar de funcionar en modo "multitasking", nos hacen caer en loops que no nos dejan avanzar de manera adecuada. Llega entonces un momento en que no avanzamos. De manera natural, el cerebro sabiamente se regenera cada día al tener su momento de descanso en la etapa -usual- de sueño. En esos momentos hay una **recalibración cerebral**.

Si todo sale bien: se descargan los programas cerebrales. Lo importante se ajusta en sus carriles y lo no importante o la "basura" recogida o registrada se pone en su lugar para ser desechada. Amanece, despierta y estamos listos para el reto de cada día. Si algo no anda bien, entonces es tiempo de revisarse física y emocionalmente. Puede ser que todo pueda ser arreglado con unas horas adicionales de descanso semanal, hacer o practicar un poco más el mindfulness, reconectarse con la naturaleza, o reconectando lazos afectivos, darnos permiso de jugar, ejercitar el cuerpo, en fin, eliminar malas prácticas y agregar tareas que nos hagan reconcentrarnos con nuestro entorno.

Estudios neurocientíficos hablan de que un promedio cercano al 90% de las enfermedades que nos afectan, son psicosomáticas o tienen un botón disparador en la mente que influencian el cuerpo. Medite en eso, posiblemente una parte de su malestar, inacción o motivación para avanzar, se deba a algunos de esos factores.

¿Practicar ajedrez es aburrido y no se mueve nada? Se dice que tenemos alrededor de 100,000 millones de neuronas en el cerebro, el planeta tierra tiene alrededor de 10e50 átomos y el universo se calcula en un promedio entre 10e80 y 10e90 átomos. La cantidad de posibles partidas o movimientos en un juego de ajedrez, se calcula puede ser mayor que 10e120 lo cual parece ser un numero conservador, ya que un matemático ruso pronosticó que el número podría llegar a 10e18,900, es decir, un uno seguido de 18,900 ceros. Max Euwe, matemático y ajedrecista campeón, apuntaba que si diez mil ajedrecistas analizaran las posibles partidas de un juego, les llevaria mas de un trillón de siglos encontrarlas, siempre y cuando le dedicaran una décima de segundo a cada una. No se preocupe: si las circunstancias lo favorecen, usted puede ganar una partida después de dos jugadas. El ajedrez no es solo para los superdotados, es un juego que lo ayudará bastante en establecer cierta disciplina, orden, fomentará su creatividad, reconectará sus hemisferios cerebrales, elevará su inteligencia además de mejorar su autocontrol. Nunca es tarde para aprenderlo y es recomendable para todos.

Vamos suponiendo que todo está en los niveles promedio y nos encontramos listos para emprender un cambio: tenemos identificada la meta, hemos generado opciones, las hemos evaluado, nos hemos decidido por hacer un ataque estratégico, los tiempos son adecuados, y no hay nada que pueda retrasar nuestro trabajo de ir a la acción. Es tiempo entonces de jugar nuestro juego. **Manténgase enfocado**.

Trabaje en equipo consigo mismo y con los demás. Usted ya lo sabe: se alcanzan más metas yendo de manera unida que individual, hasta los ciclistas y alpinistas trabajan en equipo. Empiece a moverse hacia adelante, no se trata de "¿Qué es lo peor que me puede pasar?" sino de ¿Qué es lo que me va a seguir pasando, o de que me estoy perdiendo si sigo igual?

> *"El destino es el que baraja las cartas, pero nosotros somos los que jugamos" W. Shakespeare lo dijo en una de sus obras. Nelson Mandela jugó su partida. Estuvo recluido por 27 años en la prisión por sus ideas políticas y acusado de conspiración. Su delito fue apoyar las demandas contra las leyes que discriminaban la raza negra y el terrible apartheid en que estaba sumido Sudáfrica. Tuvo el privilegio -un tiempo- de recibir solo una carta cada seis meses mientras estuvo en prisión donde sobrevivió a intentos de muerte. Fue liberado cuando sobrepasaba los 71 años. Se le reconoce su liderazgo y no darse nunca por vencido. Se hizo acreedor al Premio Nobel de la Paz. Fue electo presidente de su país y después de impulsar un cambio se retiró de la vida pública entendiendo que los ciclos duran y terminan cuando deben hacerlo. Su legado e historia de vida tiene enseñanzas de paciencia, constancia, resiliencia, visión, tuvo habilidades de negociador, generosidad y nobleza. "Para ser líder, a veces tienes que dejar de serlo" y algo que predicó siempre: "Las cosas parecen imposibles, hasta que las haces".*

No te detengas

Walt Whitman empieza y termina su celebrado poema con estas palabras: *"Do not let the day end without having grown a bit. Do note life pass you live without that".* **"Aprovecha el día / no te detengas"**, así es como han titulado el poema referido y cuyos versos ya traducidos dicen: *"No dejes que termine el día sin haber crecido un poco. No permitas que la vida te pase a ti sin que la vivas"*

¿Así o más claro? Una vez que entendemos que la única manera de construir un mejor futuro es trabajando en ello, no importan los obstáculos que se encuentren si se tiene la constancia y la inteligencia de irse sobreponiendo a ellos.

Cuando Alejandro Magno se dirigía a su próxima conquista le preguntaron ¿y como piensas llegar allá? El simplemente contestó: "dando el primer paso y manteniéndose caminando". Es célebre su batalla en Fenicia, cuando dejando atrás las naves, las mandó quemar diciendo: "no hay vuelta atrás. Debemos ir a vencer al enemigo y conquistarlo, tomaremos entonces sus barcos para volver a casa. Si no lo hacemos así, no habrá regreso posible" Corría el siglo III a.C. y aun no cumplía 30 años. De eso se trata y ese es el compromiso por delante: "quemar las naves", ir hacia adelante porque en el estancamiento y la inacción no hay recompensa.

¿Existe un gen de la acción, el emprendimiento o la inteligencia? ¿Nuestra capacidad en ese sentido es genética? Si así lo fuera, podríamos afirmar entonces que el emprendedor nace y no se hace, o bien, que el inteligente nace y no se hace.

Se sigue estudiando al respecto y lo que sabemos es que no hay "un gen" que pueda definir cierta capacidad o habilidad en ese sentido, pero hablando de inteligencia, hay una correlación de genes que alinean esa capacidad,. Ciertos estu-dios marcan una probabilidad mayor al 20% de que -la inteligencia- es parte activa en la genética, mientras que otros concluyen hasta un 50% que nuestro ADN ya tiene codificado el nivel de inteligencia. Los estudios también mencionan que el entorno y las experiencias en los primeros años pueden modificar ese porcentaje hasta cercano al 80%.

¿Qué pasaría si tenemos dos hermanos que son gemelos, y a uno de ellos lo movemos de ambiente? Evidentemente, a pesar de que ambos puedan tener una genética similar, el hermano que movamos a una isla desierta o a un ambiente donde no reciba educación tendrá menos desarrollo, y es de esperarse que fracasaría para obtener buenos resultados en pruebas de inteligencia básica, como sumar, contar, leer, escribir, ordenar cosas por peso o forma, o simplemente aprender de memoria algunas frases cortas. En estos casos, el experimento sugiere que el porcentaje del grado de inteligencia se puede acercar al 100% cuando se modifica su entorno y experiencia conforme se va creciendo. La conclusión es que los genes no marcan un destino sino la posibilidad de favorecer o estimular el aprendizaje de alguna habilidad. La buena noticia es que usted puede aprender a emprender cambios en su actitud y aptitud para lograr unas nuevas y mejores condiciones en su nivel de vida, independientemente de que ese nivel sea tasado como material, intelectual o afectivo. De nuevo, si no hay impedimentos físicos o neurológicos, el límite usted lo pondrá hasta donde quiera llegar o lo puedan dejar algunas condiciones externas.

No hay evidencia de que tengamos un gen de la innovación, y tampoco es concluyente el clima o la posición geográfica. Por cierto, mucho menos tenemos un gen del pesimismo - aunque hay algunos estudios por revalidar que mencionan unas cadenas hereditarias de depresión que pudieran desencadenar en ello-. Todo entonces se reduce a estimular un ambiente que favorezcan los esfuerzos y prácticas de emprendimiento personal y colectivo.

No hay duda que la necesidad es el motor que nos mueve a la acción, el combustible es nuestro conocimiento y actitud, y la brújula estaría guiada por nuestros valores. Una vez puesto en marcha, no se detenga. Siempre habrá un camino más por recorrer y una cima más que explorar. A estas alturas, lo único que tenemos es no tener el lujo de perder el tiempo. Cuando esté listo, inicie con el primer paso y no se detenga más. Si alguna vez se detiene a mirar atrás, que sea solo para aceptar el pasado, aprender de los errores y a darle la mano a los que vienen detrás.

No deje de contar su historia, siempre hay algo valioso en ello, y es único.

Un grano en la balanza hace la diferencia. No se detenga.

CADA QUIEN SU REGLA

"cada problema que he resuelto se ha convertido en una regla que me ha ayudado en resolver los siguientes problemas"

René Descartes

C on método o sin método, siga su intuición para encontrar su camino. La vida no es fácil. Curiosamente uno va a la escuela, recibe cierta educación y después le aplican un examen para medir el grado de conocimiento adquirido. La vida regularmente nos trata al revés: primero nos aplica una prueba y después aprendemos la lección, y a veces, puede que necesitemos más de una prueba para aprenderla bien.

No hay reglas. Usted puede entrar en una librería y encontrarse el libro de Jordan Peterson titulado "las 12 reglas para vivir" que se presenta como un antídoto al caos, y en la misma sección se encuentra el libro de Mark Manson que le dice "El sutil arte de que te importe un carajo" donde habla del enfoque disruptivo para vivir una buena vida ¿se anteponen? No estoy diciendo eso, a cada quien le pueden funcionar diferente las aspirinas.

Comience a sumar y magnifique lo que le haga bien. Estamos en la era del exceso de información y gracias a los medios digitales encontramos -a veces en demasía- entrada a tanta información de cualquier tema, que ahora no se trata de cuanta información haya, sino de que tan confiable puede ser y lo que realmente te puede ser útil en los propósitos que te plantees. Cuanto mas confiable es la información que tienes acerca de una situación, mayor es la probabilidad de acertar en el proceso de la toma de decisiones.

Hoy es un buen día para empezar, independientemente del cambio que desee hacer. Haga su inventario y empiece con lo que tenga, fijando su punto de partida y con la meta más realista - y posible- dirija su mejor esfuerzo. No se preocupe si no es original, hasta en las copias hay arte ¿sabía usted que el 99% de las personas podrían no distinguir entre una obra de arte original y una buena copia? Entre más se practica el hábito del trabajo y del esfuerzo, es mas probable de llegar a caminos antes no transitados por nadie, la originalidad entonces le llegará como consecuencia. Así como pudiera no haber reglas, tampoco habría secretos. No es un secreto ya, que les va mejor a los que tienen mejor actitud y a los optimistas, a los que se esfuerzan, a los que quieren marcar diferencia, y no estamos hablando sino de competir con uno mismo.

Le cuento ahora parte de la historia de Hulda H Crooks, naciendo en 1896 y partiendo en 1997. Cuando alguien llega a cumplir 65, quizá tenga la idea de que sus próximos 15 o 20 años los quiere vivir de la manera mas tranquila posible. Tratando de recuperar salud o de cambiar hábitos para mejorar una condición en ese sentido. Programar algunas actividades físicas de al menos 15 o 30 minutos al día estableciendo unos cambios alimenticios, evitando algunos platillos o disminuyendo otros. Poniendo más cuidado en visitas médicas incorporando algunos suplementos o medicamentos. Buscando rincones afectivos, planeando las temporadas de descanso. Figurando situaciones de ahorro, y en fin: siendo un poco más conservador en la vida diaria. Cicerón apuntaba que la vejez -cuando- llega, es de las cosas que uno no se esfuerza en conseguirla.

Pero ¿Qué pasó con Hulda?, ella y su amiga estaban cumpliendo 65 años. Su amiga pensó que era un buen momento para hacer las pases con su pasado y con la vida, vivir tranquilamente y tratar de esperar una muerta plácida. Ella en cambio, decidió que era el momento de intentar otras cosas y darle un giro a su vida. Se volvió montañista pensando que sería un buen deporte. Se dedicó por más de veinte años a esa labor. Escaló a los 91 el Monte Fuji, siendo la mujer de mas edad en conseguirlo. El Monte Whitney en Alabama (con 4,421 metros de altura) fue renombrado como Monte Crooks en su honor, el cual había subido 23 veces durante el tiempo que estuvo activa. Entre los 65 y los 91 escaló casi 100 picos del mundo. A sus ochenta años, contaba que su rutina era empezar saliendo a trotar a las 5:30 de la mañana.

Nunca es demasiado tarde para intentarlo. Los límites los pone usted. Las mesas normales de un comedor tienen 4 pilares o patas que la sostienen, si le faltara una de ellas seguramente no pasará mucho tiempo para que pierda equilibrio. Familia, Salud, Trabajo, Fé, Amigos, Felicidad, Libertad. Descubra los 4 pilares de su vida presente y fortalézcalos para un mejor futuro. Si quiere sumar mas pilares: hágalo. No necesita seguir una receta específica. Ubique sus debilidades y trabaje en ello para sobreponerse a cualquier situación inercial. Enfoque y Disciplina. No se rinda.

Emprender y no dejar de hacerlo, es la clave para desarrollar habilidades con mayor certidumbre en el mejoramiento de la calidad de vida.

Hay un registro de que poco más del 80% de start ups fracasan en su primer año de vida. Siete de cada diez empresas no llegan a los cinco años de existencia y solo dos de cada diez nuevos empredimientos sobrepasan los diez años de operación. La suma de las diez empresas más grandes del mundo tiene la misma economía o valor que casi 180 países. Hasta el año dos mil, las empresas más grandes del mundo eran gigantes automotrices, inmobiliarios, petroleros y de servicios. Del 2010 en adelante, los gigantes tecnológicos son los que mueven la economía. Una gran parte de la población gira en trabajos que hace dos décadas no existían.

¿Qué le dice eso? Innovación y emprendimiento están cambiando -y cambiara aún más- nuestro mundo. La forma en como vivimos, como estudiamos y aprendemos, como nos divertimos, nuestras preferencias de comida, incluso nuestros horarios de descanso o el acercamiento a la vida natural está ligado en buena medida a la era digital. Tenemos ahora una vida desde casa, donde podemos trabajar, estudiar, reunirnos en línea, pedir comida, disfrutar programas o películas de estreno, desarrollar negocios, todo lo anterior, prácticamente sin salir de ella.

Es algo de lo que no nos podemos abstraer, o algo que no podemos ignorar. Podríamos quizá alejarnos un poco de esa realidad, pero no podemos evadirla del todo. Hay muy buenas razones de aceptarla, sobre todo en los avances médicos que nos pueden ayudar a entender y superar algunas enfermedades, como pueden ser los tiempos de pandemia ahora que la que vivimos en 2020 y estamos tratando de superarla en este 2021.

Pero, **¿Por qué no avanzan las personas o una organización?** Hacer un diagnóstico general es muy difícil, pero las características son muy coincidentes: la misión y la visión no están alineadas y eso incluye a las organizaciones, al individuo o inclusive al círculo familiar. A veces por falta de conocimiento o de capacidad: el que debe liderar no es líder, el administrador no administra, el técnico es insolvente, no se investiga el mercado, no hay mejora continua, el equipo no se integra, no se cumplen los compromisos, faltan recursos, los valores no son seguidos, hay fallos en la calidad del producto, no hay entregas a tiempo, las estrategias son deficientes, la innovación no ocurre, se vive en el pasado, y en fin, como apunta un socio colaborador muy cercano: la gente no hace lo que tiene que hacer, cuando lo debe hacer y en la medida y con la calidad que se le pide hacerlo.

Debemos impulsar la tecnología – que por cierto proviene de la combinación de dos raíces que significan oficio y conocimiento-. Independientemente de que tan grandes busca los logros, recuerde que no hay innovación tan pequeña que no valga la pena. Hay algunas cosas hoy que usamos o vemos prácticamente todos los días y no nos percatamos de su grandeza, o solamente no nos ponemos a reflexionar de su importancia. La rueda, por ejemplo, o algo más sencillo: el jabón.

¿Sabía usted que puede haber más de un millón de bacterias en su entorno diario? En su casa puede encontrar más de 25,000 bacterias o microbios por cada metro cuadrado promediando todas sus áreas, es decir, en algunas zonas habría más que en otras, pero en promedio esas son las que contaría. Eso quiere decir que un departamento normal de 75 m2, podría tener casi dos millones de vecinos desagradables. Algunos estudios han mostrado que eso puede multiplicarse por 100 en condiciones insalubres. Limpiar con algo tan sencillo como el jabón puede hacer la diferencia en la salud. En los tiempos de Sumeria a.C. a alguien se le ocurrió hacer una pasta hecha de aceites y sales para fabricar lo que en principio era un artículo de limpieza. El método fue perfeccionado a través del tiempo y hasta el siglo XVIII se perfecciona un poco mas hasta llegar hoy día en forma de pastilla o en soluciones líquidas. Algo tan sencillo como eso, ha hecho gran diferencia en la humanidad. No le estoy hablando del Big Data o las conexiones inalámbricas de alto espectro, o los sistemas inteligentes wearables y médicos, le estoy diciendo que los cambios pueden llegar desde un nivel básico y no tienen límite, salvo el que las fronteras de lo posible puedan poner. Empiece a "ver" y ayúdenos a tener un mundo mejor

¿Qué hace usted, cuando no hace nada? Inclusive para eso no hay reglas, cuando llega el principio de no intervención, o a esperar que los problemas se arreglen por intervenciones externas, está haciendo algo: "Al menos no lo está echando a perder". Pero creo que sería más satisfactorio, motivante y ejemplar, que pueda invertir su esfuerzo en hacer algo. Cualquier cosa que haga, ya sea innovar o mejorar un producto o una solución, o ponerse a meditar y dedicar parte de su tiempo a pensar: cuenta. No se preocupe si se tarda más o algo se echa a perder.

Déjeme casi concluir con algo que dijo Iacocca: *"procúrese toda la educación que pueda, pero después, por lo que más quiera: HAGA ALGO...!!!"*

Le agradezco haber llegado hasta aquí, no ha leído casi nada que no haya escuchado antes o que el sentido común ya se lo haya advertido. Si hay algo en la naturaleza que lo detiene, también hay algo que lo impulsa. Si se presenta una situación de caos interna es señal de que las emociones lo están controlando. Lo invito a meditar, tomar control de su viaje y a encontrar las respuestas que busca. Explore toda la ayuda posible y muévase en dirección adecuada para lograr un cambio benéfico en su vida y en la de los suyos.

Termino ahora con varias de las coincidencias que comparten los personajes de la historia y de nuestra época, que han brillado y sobresalido por marcar una diferencia en lo que hicieron -o siguen haciendo- y cuyos aportes y logros han servido para darnos un mundo mejor: Detectan oportunidades. Toman riesgos. Se comprometen. Planifican. Son visionarios. Son creativos. Trabajan duro. Saben comunicar sus ideas. Hacen equipo. Fomentan la confianza. Son líderes. Perseveran. Priorizan. Estudian. Se sobreponen a las adversidades. Se sacrifican. Son leales al propósito y a su entorno, y grabe usted esto: **"terminan lo que empiezan"**.

Los que cambian el mundo: **No se rinden y no se detienen.**

◆ ◆ ◆

Una vez, acudió una persona a una inmobiliaria para vender su propiedad y mudarse más cerca de donde él pensaba podría desarrollar mejor su tarea de inventor. Se sentía estancado y quería finiquitar sus asuntos y moverse de las orillas de pueblo a la gran ciudad. Tuvo la suerte de llegar a una oficina de bienes y raíces cuyo propietario era una persona con una actitud positiva extraordinaria. Le pidió éste que le contara de su propiedad e hizo sus anotaciones. Al despedirse de su cliente potencial le dijo: "Usted no se preocupe, en dos días aparecerá un anuncio en todos los medios y le aseguro que máximo tres días después le encontraremos nuevo dueño". El inventor se retiró a su casa y se envolvió en tareas de empaque de sus pertenencias. Cuando llegó el día prometido, leyó un anuncio de venta en el diario matutino. El anuncio decía lo siguiente: "Inmejorable oportunidad, se vende una increíble propiedad a las afueras de la ciudad, lejos del bullicio y a unos cuantos pasos de la carretera principal. Amplias habitaciones y totalmente equipada para que la habite su familia. Ofrezca a sus hijos la maravillosa experiencia de vivir en contacto con la naturaleza, escuchar el cantar de las aves matutinas, sentarse al aire libre, ver el sol desde una terraza donde apreciará un bosque cercano y podrá sentir la brisa del río por las tardes. Le haremos el plan perfecto de acuerdo a sus posibilidades económicas". El inventor no se lo pensó dos veces. Era su casa la del anuncio. Llamó entonces de inmediato al vendedor. No podía dejar que alguien más aprovechara esa oportunidad que hoy tenia a la mano.

No sé cuál sea su historia, pero a veces hay quien no se da cuenta de que tiene todo, o al menos lo mínimo necesario para dar un cambio positivo en su vida, y sigue anclado a un pasado o a un presente. De nuevo, todo radica en el precio que están dispuestos a pagar por lograr ese cambio.

No Lo Deje Para Después. Recuerde A Kairós, El Tiempo Adecuado Es "Aquí Y Ahora".

Notas del Autor: (1) *Las historias y citas mencionadas, son del dominio público.* (2) *Gracias por los aportes y correcciones al primer borrador.*

----- *Resumen* -----

Keep it Simple

Eliminar lo que no es importante

Organizar actividades

Aprovechar el tiempo

Stay Focused

Elimine distracciones

Establezca la meta

Elabore su plan de trabajo

Get Inspired

Tener actitud positiva

Desarrollar la imaginación

Establecer un modelo

Have Passion

Una vida con sentido

Alinee su visión a sus capacidades

Asuma los riesgos

Take Action

Plantéese opciones

Empieza a moverte

No te detengas

◆ ◆ ◆

ABOUT THE AUTHOR

M Figueroa

Aprendiz. Emprendedor.
Cimarrón. Ingeniero Mecánico

UNTITLED

Made in the USA
Middletown, DE
15 April 2023

28921661R00070